# 말빨 글빨이 좋아야 사는 게 쉽다

말빨 글빨이 좋아야 사는 게 쉽다

**초 판 1쇄** 2023년 05월 11일

**지은이** 김현주
**펴낸이** 류종렬

**펴낸곳** 미다스북스
**본부장** 임종익
**편집장** 이다경
**책임진행** 김가영, 신은서, 박유진, 윤가희, 정보미

**등록** 2001년 3월 21일 제2001-000040호
**주소** 서울시 마포구 양화로 133 서교타워 711호
**전화** 02) 322-7802~3
**팩스** 02) 6007-1845
**블로그** http://blog.naver.com/midasbooks
**전자주소** midasbooks@hanmail.net
**페이스북** https://www.facebook.com/midasbooks425
**인스타그램** https://www.instagram/midasbooks



**ISBN** 979-11-6910-222-3 03190

값 16,800원

# 말빨 글빨이 좋아야 사는 게 쉽다

김현주 지음

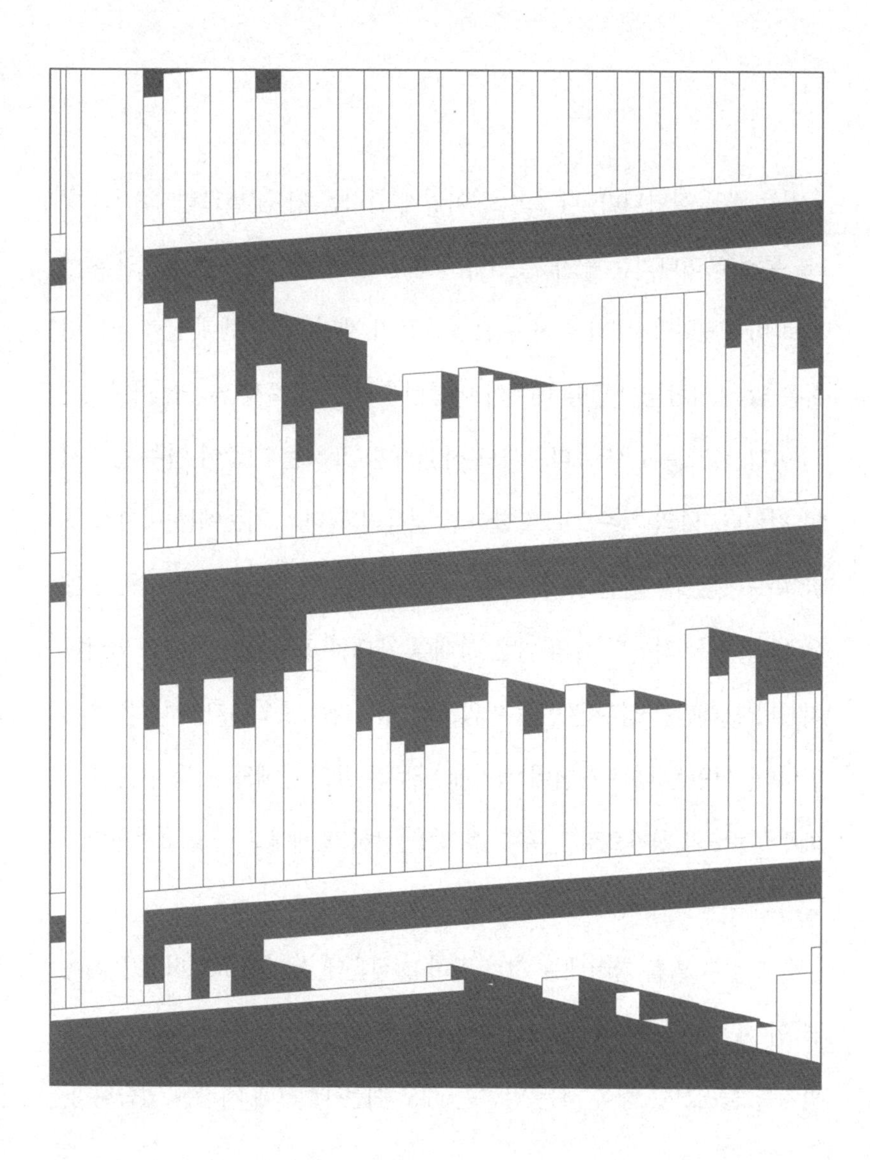

미다스북스

## 프롤로그

저는 말을 잘합니다. 나 스스로 이렇게 말하는 거 참 별로인가요? 그렇죠. 특히 우리나라는 뭔가 '잘'한다고 하면 잘난 척한다는 부정적인 시선으로 바라봅니다. 내가 잘하는 건 스스로가 제일 잘 알 텐데 굳이 타인이 혹은 많은 사람들이 말을 해줘야 아름다운지 잘 모르겠습니다. 아무래도 '잘'한다는 기준이 서로 다르기도 하겠지만 '잘'하는 기준이 아주 높아서일 겁니다. 나의 기준으로 잘한다고 생각해도 너의 기준에는 미치지 못할 수도 있겠죠. 일단 제가 말하는 말을 잘한다는 '잘'에 대한 기준은 매우 낮습니다. 적어도 나의 마음 상태를 제대로 표현하지 못해서 답답해지거나 오해받을 상황은 만들지 않으면서 산다는 뜻입니다. 시점은 현재입니다. 어렸을 때는 경험이 적기에 아무리 말을 잘해도 '기특하다, 똑똑하네.' 정도의 칭찬으로 만족할 뿐 말을 잘하고 제대로 나를 표현한다고 말하긴 부족합니다.

하고 싶은 말을 참아내는 것과 말하고 싶은데 제대로 표현하지 못하는 건 엄청난 차이입니다. 생각과 감정을 말하는 건 여행에서 밥을 먹고 관광지를 둘러보듯 해야 하는 만큼만 해도 사는 데 크게 지장은 없습니다.

하지만 일상은 여행이 아니죠. 나쁜 말은 듣지 말고 속에 있는 말은 하고 살아야 답답하진 않을 겁니다. 여행에서 들리는 외국말은 신선하고 해방감을 주지만, 일상에서 외국말만 하고 살아야 한다고 생각해 보니 정말 끔찍하네요. 일상도 여행지에서처럼 몇 가지 단어만 아주 기분 좋게 하면서 살 수 있으면 얼마나 좋을까요. 그런데 여행의 가벼움은 돈 쓸 마음을 먹고 가는 여행에서만 가능합니다.

저는 주변에서 말을 잘한다는 말을 많이 듣고, 실제로 하고 싶은 말과 머릿속에서 일어나는 생각들은 잘 정리해서 말할 수 있습니다. 말을 잘하는 사람이라고 쉽게 말하고 다닙니다. 그런데 글은 다릅니다. 세 권의 에세이와 소설을 출간하고도 여전히 글 앞에서는 잘 쓴다는 말이 안 나옵니다. 저의 에세이를 읽으면 마치 제가 귀에다 대고서 속삭이는 것 같다고 해요. 저의 목소리와 말투를 아는 사람들은 더욱 그렇고요. 에세이에 썼던 글은 실제로 친구들의 고민을 상담해주면서 해주고 싶었던 이야기들을 솔직하게 언어화시킨 글이고 친구들은 저와 했던 상담이 출간되어 글로 읽게 된 거죠. 아마 커피를 사이에 두고 서로 마주 보며 했던 수다와 저의 눈빛과 말투, 목소리가 생각나서일지도 모릅니다. 처음엔 그런 말을 들으면 기분이 좋았습니다. 친근하고 다정하게 썼다는 말 같아서 따뜻한 칭찬처럼 들렸죠. 아마 정말로 칭찬이기도 했을 겁니다.

사람 마음이 참 얄궂고 참, 좀 그래요. 지금은 딛고 일어나 더 깊어져야 한다고 생각하거든요. 처음에 글을 쓸 때는 있어 보이고 세련된, 특별한 글을 '잘' 쓰고 싶었습니다. 심오한 뜻이 있는 어렵게 읽히는 글을 쓰고 싶었어요. 왜냐면, 있어 보이니까요. 대단한 작가가 되고 싶었나 봅니다. 계속 글을 쓰다 보니 쉽고 다정하게 읽힌다는 말에 다시 기분이 좋습니다. 쉽게 읽히는 글이, 단순히 쉽게 쓰인 글이 아님을 잘 알고 있습니다. 특강을 하면서도 말을 할 수 있는 사람들은 누구나 글을 쓸 수 있다고 말씀드립니다. 글은 써놓고 고치고 고치면, 다른 사람들에게 보여주고 또 고치면 잘 쓴 글이 됩니다. 성실하게 고친 글은 이길 수 없어요. 우리가 책에서 본 글은 저자의 머리에서 한 번에 뚝딱, 순서대로 나온 문장이 절대 아닙니다. 오랫동안 생각해두었던 삶의 가치와 결론입니다.

글은 특별한 기술과 능력보다 어쨌든 쓰기 시작해야 하고 꾸준히 쓰는 인내심, 타인에게 보여줄 용기가 필요합니다. 그래서 글쓰기 수업에서 가르칠 건 별로 없어요. 자신 없어 하는 분들도 다른 이야기로 일상에서 떨어질 시간을 주고 나서, 글을 쓸 시간을 주면 노트북을 열고 다들 무엇이든 써내니까요.

여전히 글이 쉽게 읽힌다는 말은 참 좋은데 글에 제 말투가 있다는 말에는 가끔 생각이 많아집니다. 저는 말과 글을 제대로 구분하지 못하는 작가일까요?

말과 글에 관련된 특강을 진행할 때면 항상 하는 말이 있습니다. 저는 글을 잘 쓴다고 생각하지 않고 출간이 글을 잘 쓴다는 것을 증명한다고 생각하지 않는다고 말합니다.

"작가는 글 잘 쓰는 사람 아닌가요?"

작가로서 유리한 점이라면 순간적인 감정을 잘 기억하고 그 감정을 언어화시켜서 메모해둔다는 거예요. 출간한 경험도 중요하고요. 작가의 글을 쓰는 방법도 그게 다입니다. 질문을 한 친구들에게 역으로 글을 잘 쓰고 싶은지 물어봅니다. 그럼 다들 '네'라고 씩씩하게 대답해요. 저는 되묻습니다.

"왜요?"

아직 한 번도 시원하게 대답을 듣지 못했습니다. '당연한 거 아닌가요. 이왕 하는 거 잘 써야 하는 거 아닌가요. 그냥요. 공부 잘하는 것처럼 잘 쓰고 싶어요.' 정도 대답을 들은 것 같네요. 물론 대답이 틀린 건 아니고 정해진 대답도 없지만, 글을 꼭 '잘' 써야 하는지에 대해서 한 번쯤 생각해 볼 기회가 되었으면 좋겠습니다. 구체적으로 잘 표현하기 위한 대단한 방법이 있는 것 같아도 그중에 가장 확실한 방법은 행복하게 쓰는 글이라는 요상한 결론이 나오거든요. 나만 아는 것이니 내 마음쯤이야 쉽게 말해야 하지 않을까요.

화가 났을 때, 화난 감정을 제대로 쓸려면 계속 화가 나야 하잖아요. 마음이 풀리기 전에 얼른 써야 하잖아요. 계속 화는 나야 하고 글을 쓰면 마음이 풀려버려서 아쉬운 이상한 경험을 저는 좋아합니다.

글쓰기에 특별한 기술이 없는 작가가 글쓰기 책을 쓰고 있습니다. 저도 글을 잘 쓰는 법에 대해서 이 글을 쓰면서 함께 고민해볼게요.

# 목차

## 2. 잘 쓰지 않아도 글빨 납니다

## 3. 정돈된 삶으로 쉽게! 살맛 나게!

# 1

# 숨겨진 나의
# 말빨을 찾아서

요즘 아이들은 입으로 말을 하는 것보다 카톡 메시지로 말하는 게 훨씬 편하다고 한다. 집에서도 각자의 방에서 전화나 문자로 밥 먹으러 나오라고 하고, 카페에서도 마주 앉아서 카톡으로 이야기하는 상황을 쉽게 볼 수 있다. 나도 모임에 나오지 않은 사람들과 함께 이야기하기 위해서 단톡방으로 의견을 주고받는다. 솔직히 카톡 대화는 표정 없는 말 같아서 관계의 부족함을 느끼지만 사회생활을 위해 단톡으로 말하는 법을 배운다. 배우는 건 편안하게 할 수 있음에서 나아가 불편해도 참아내는 과정이 포함된다. 메시지 전달이 유일한 목적이 아닌, 표정을 보고 눈빛이 맞닿는 이야기가 아쉬워도 시대의 흐름에 맞춰 더 많은 사람들과 효율적으로 정보를 주고받기 위해서 새로운 말하기 환경도 받아들여야 한다. 손편지를 좋아하는 사람에게는 손편지로 말을 걸면 친근감을 느낄 수 있다. 말을 할 수 있어도 충분히 잘할 수 있어도 우리는 시대에 맞고 사람에 맞는 말을 다시 배우고 익숙해져야 한다. 평생 말을 하고 살아야 하기에 평생 말을 잘하고 살아야 하기에, 인간관계는 사람과 사람이 알고 서로를 배우는 과정이기에 우리는 평생 말을 배운다.

말을 잘한다는 건 그 상황을 어느 정도 이해하고 있다는 뜻이다. 알고 있다는 의미다. 이해와 생각 없이 말을 하기 어렵다. '생각이 있어? 없어?'라는 질문은 질문 자체가 틀렸다. 생각이 없을 수 없다. 사회생활을 하고 사람을 만나면 분위기 파악을 하고 사람의 표정과 기분을 살피는 기술력이 필요하고 어떻게든 말을 잘해야 한다. 말을 잘해야 한다는 생각만으로도 긴장되고 심장이 빨리 뛴다. 그런데 참 희한한 건 의도적으로 말을 못하는 것도 힘들다. 맥락 없는 말, 의미 없는 말을 뱉는데도 고도의 기술이 필요하다. 아무렇게나 하면 되는 '아무 말 대잔치' 그것도 아무나 하는 게 아니다. 누구나 아무 말을 해봤던 경험은 한 번쯤 있을 텐데 그때 얼마나 곤란했는지 떠올려 보면 된다.

은연중에 우리는 말에 담긴 의미와 뜻을 내 방식대로 알고 있어 머리로 생각하고 말로 내뱉은 과정을 거친다. 아무 말을 하는 대잔치라면서도 무의식은 이 말을 해도 되나, 안 되나를 무수히 따지고 아무 말도 그 속에 단어와 문장이 있어 사람과 상황이 인지된다. 대화할 때 상대방의 말을 완전히 반대하거나 생각의 맥락 자체가 다를 때는 몰라도 매번 횡설수설하면서 다른 말을 하는 것도 꽤 힘든 일이다. TV의 예능 프로그램에서 맥락 없는 대답을 해야 하는 게임을 본 적이 있는데 성공보다 실패가 훨씬 더 많았다. 우리는 이미 사회화되어 있기에 매번 옳은 말을 하는 것만큼 매번 틀린 말 하기는 더 어렵다. 말문이 막히는 것 또한 그 상황을 이해하기 때문에 순간적 대답을 뱉어내기 힘들어서다. 할 말이 많다는 건 많이 알고 있다는 뜻이기도 하고 무의식적으로 툭 튀어나오는 말이 전달하고 싶은 메시지일 수도 숨길 수 없는 감정일 수도 있다. 우리는 나에게 전해오는 말이 메시지일 때보다 감정일 때 훨씬 더 피로하다고 느낀다.

주변에서 자신의 이야기를 할 때 활짝 웃으면서 신나게 말하는 사람을 많이 본다. 오죽하면 '라떼는 말이야.'라는 말이 유행하고 자신이 예전에 어떻게 얼마나 대단한 일을 했는지 신나게 말하는 사람이 많다. 사회는 지금도 빠르게 변하고 있으면서 더 빠르게 변하려고 예전 그 시절의 나를 말하는 사람들을 폄하하지만 적어도 그들은 자신의 이야기를 신나게 할 줄 아는 사람이다. 우리는 잘 아는 것을 말할 때 재미를 느끼는데 나 자신을 잘 알아야 나에 대한 이야기를 재미있게 할 수 있다. 과거의 나에게 당당하고 자랑하고 싶은 마음, 어쩌면 성실함과 근면함이란 당연히 받아야 할 인정을 시대가 변해서 인정하지 않는 건 아닐까. 시대는 변했지만 과거의 성실함과 근면함은 변하지 않았을 테니 나는 '라떼는 말이야.'를 끝까지 들어주는 편이다.

그때가 좋았다는 '라떼는 말이야.'를 잘 써서 다듬으면 삶의 교훈이 나온다. 삶의 교훈과 메시지가 있는 글은 에세이가 되고 멋진 자서전이 될 수 있다. 그 속에서 우리는 그때가 좋았다고 추억하고 지금은 또 훗날 언젠가의 그때가 된다. 그때가 좋았던 우리의 과거를 잘 모아보면 충분히 괜찮은 과거가 이야기로 만들어져 있다.

하고 싶은 말이 많다는 건 전하고 싶은 말이 많다는 뜻이다. 그게 설명이든, 설득이든, 단순히 감정 전달이든 그 속에는 전달하고 싶은 메시지가 있다. 설명은 비슷한 경험이 있어서 최소한 머릿속에 그려져야 가능하고 사람을 완전히 설득하는 건 어쩌면 불가능할지도 모른다. 감정 전달은 서로에 대한 감정이 호감이어야 제대로 전해진다. 설명과 설득, 단순한 감정 전달 수단으로서의 말은 한계가 있다. 말을 하는 목적이 생각을 표현하고 전달하기 위함 같아도 상대방이 나를 오해하지 않도록 하는 것도 매우 중요하다. 한 가지 일을 오래 하거나 고유한 것을 오래 알고 있는 사람은 그 사람이 자주 사용하는 단어와 짙은 이미지가 있다. 그래서 전문직, 전문가가 업무적으로는 대단할지언정, 일상에서 대화에는 그리 유리하지 않다. 변호사에게 일상 이야기로 단순한 공감을 받고 싶을 때 그는 습관적으로 옳고 그름, 증거를 떠올리고 있을 것이다. 그가 하는 말을 들은 사람은 말에 섞여 있는 전문적이고 어려운 용어를 이해해야 하고 들은 말 중에서 자신에게 필요하고 듣고 싶은 말을 골라내야 하는 수고로운 작업을 또 해야 한다. 무의식적으로 이해하고 이해해야 할 작업이 많아지면 대화가 힘들어지고, 머리가 복잡하거나 감정적일 때 이런 작업이 쉬이 될 리가 없다. '그 사람이랑 이야기하면 머리 아파. 이야기하기 싫어.' 하고 생각하게 된다. 몸과 자아가 하나라 일에 빠지면 일상에서 멀어지고 일상을 즐기면 일에 집중할 시간과 에너지를 놓칠 수밖에 없다.

여기서 할 수 있는 최선이 서로의 말을 배우겠다는 자세로 삶의 밸런스를 유지하는 것이다. 내가 알려주고 싶은 것과 상대가 알고 싶어 하는 것이 일치하란 법은 없다. 내가 말하는 것을 상대가 그대로 받아들일 가능성은 아주 낮다. 나는 나의 경험과 배경지식으로 말을 하고 상대는 상대의 경험과 배경지식으로 받아들인다. 그렇다고 상대가 듣고 싶어 하고 원하는 말만 해줄 수는 없다. 그렇게 된다면 내 속은 곪아 터져 나갈 거다. 상대가 원하는 방향으로 하고 싶은 말을 최대한 친절하고 다정하게 혹은 확실하고 단호하게 표현하는 게 적절한 타협점인지도 모르겠다. 우리는 사람을 배운다는 마음으로 사람을 만나고 그 사람의 말을 배운다는 마음으로 들어야 한다.

나의 경험에 상대방의 경험을 더할 수 있게 말하기.

나의 생각에 상대방의 생각을 더할 수 있게 말하기.

이 두 가지가 일상에서 가장 필요한 대화의 기본 값이다.

## 말 '잘'하시나요?

말을 많이 하는 것과 잘하는 건 명확히 다르다. 언뜻 보면 단순히 말을 많이만 하는 사람이 잘하는 것 같아 보여도 시간이 지나면 말의 밑천은 드러난다. 첫인상은 좋았는데 만날수록 매력 없어지는 사람이 있다. 큰 소리로 분위기를 주도하고 사람들의 시선을 사로잡는 사람도 행동이 뒷받침되지 않으면 금방 신뢰를 잃는다. 실제로 그 말을 듣고 있던 사람은 저 말은 언제 끝나나 생각하면서 말의 양이 지나치면 말의 질이 궁금해지지 않고 말하는 사람 자체가 싫어질 수도 있다. 장황하고 강요가 있는 말을 늘어놓는 건 나를 싫어할 이유를 만들어주는 것과 같다.

대화에서 부정적인 감정이 쌓이면 긍정적으로 기억되는 말은 별로 없을 거다. 실제로 싸울 때 화가 나서 언성 높여 한 말은 말한 사람도 듣는 사람도 잘 기억하지 못한다고 한다. 상처 줬던 말, 화난 표정, 눈물 정도로 힘들었고 그 사람에 대한 안 좋은 인식만 남기기에 싸울 때 '다 말했잖아. 내 말 안 듣고 뭐 했니?' 하는 말은 그저 부질없고 아무 의미 없이 다시 싸우자는 말밖에 되지 못한다. 상대는 나의 화내는 표정만 기억하고 그 순간 무서웠던 분위기만 기억할 뿐이다. 내가 좋아하는 사람이 나의 화내는 표정만 기억한다고 생각하면 정말 아찔하다.

감정적인 사람과 이야기하면 피곤함을 느끼는데, 그건 자신의 감정대로 일방적으로 대화를 이어가려 하기 때문이다. 감정적인 사람에게는 자신이 웃으면 기분 좋게 웃어줘야 하고 기분이 나쁘면 같이 화를 내줘야 한다는 암묵적인 강요가 있다. 자신의 감정에 동의하지 않으면 불편함을 느껴 화를 내고 예민해진다. 그 흐름을 따라가 주려면 상대는 한없이 피곤해질 수밖에 없다. 감정은 지나치면 자신의 감정을 강요하게 되고 강요는 통제가 되어 그 관계를 끝나게 한다. 그런 사람들의 주변에는 좋은 사람이 남을 수 없다. 아니, 사람이라도 남아 있으면 다행이다.

눈물, 콧물을 쏟아내면서 자신의 감정을 표출하고 있는 사람에게는 순간적인 집중은 되어 어르고 달래주긴 해도 눈물과 콧물에 집중하게 해서 실제로 무슨 말을 하고 있는지 제대로 관심을 가질 수 없다. 제대로 말을 하려면 눈물과 콧물을 멈추고 마음을 가다듬은 후 감정에 호소하지 않고 담담한 목소리로 이야기해야 한다. 대화란, 나에 대해 혹은 내가 생각하고 있는 것들을 타인에게 가르치고 나 역시 배우는 일이다. 대화를 통해 의미를 전달하고 인간관계를 만들고 함께 일을 하면서 서로를, 대화 속에 등장하는 모든 이야기를 서로의 눈높이에 맞춰 알아가는 과정이다.

좋은 대화란, 서로에게 통하는 의미로 말을 이어가야 한다. 눈높이에 맞게 꼼꼼하고 세밀하게 잘 알려주어야 한다. 대화하는 사람의 높낮이가 실감되지 않을 때, 감정의 상함 없이 말이 통하고 좋은 대화가 될 수 있다. 기분이 좋은 대화라고 무조건 좋은 대화는 아니다. 기분 좋은 대화는 대화의 내용을 흐릴 수 있다. 우리는 기분이 좋은 상태에서 중요한 선택을 하는 건 옳지 못하다. 좋은 기분에 가려 중요한 걸 놓칠지도 모른다. 대화에서는 한정적인 시간 안에 얼마나 편안하고 간결하게 말하는지가 훨씬 더 중요하다. 내가 상대방이 모르는 부분을 축소시키지 않으면서 간결하고 적당한 속도로 말해야 상대방이 듣고 이해하고 자신의 생각을 조화시킬 시간과 여력이 생긴다.

어떤 순간에는 듣고 있는 사람이 훨씬 더 말을 잘하는 것일 수도 있다. 몇 마디 하지 않아도 더 많은 의미를 전달하고 더 좋은 해결책을 제시했을 수도 있다. 잘 들어주고 난 후 해주는 농도 짙은 한 마디, 하나의 단어가 더 깊은 의미와 울림을 줄 수도 있다. 힘든 일이 있는 사람에게 '괜찮아, 걱정하지마, 수고했어.' 같은 짧은 공감은 백 마디 말보다 훨씬 더 깊이 힘을 준다. 나는 신경질적인 사람이 따스히 위로하고 공감의 말을 하는 걸 본 적이 없다. 우리의 가슴속에 남아 깊은 깨달음을 주는 말과 문장은 지극히 이성적이고 객관적이다.

홧김에 한 말이 시원하게 긁어줘서 주목을 받기도 하지만 오랫동안 묵직한 교훈을 주기는 어렵다. '지금 당장 떠나라. 싫은 사람은 만나지 마라. 팩폭 날리고 손절' 같은 말은 지금 당장 속은 시원하게 해주지만 새로운 용기를 요구하는 말이다. 당장 떠날 용기, 싫은 사람을 손절할 용기를 내는 또 다른 숙제가 주어진다. 내일도, 일주일 후에도, 1년 후에도, 10년 후에도 살아야 하는데, 적어도 내일 정도는 보장되도록 말을 해야 오늘 밤 안녕히 잠들 수 있다. 단순히 감정이 시원하기 위해서 표현한 말은 지금 당장을 잊게 해줄 뿐 다음의 깨우침과 알아차림은 스스로 다시 개척해야 한다.

말을 잘하는 사람이 멋있어 보이는 건 진정으로 공감해주고 의미를 전달할 수 있는 건 감정을 절제했기 때문이다. 말을 잘해서이기보다는 좋은 의미를 주었기 때문이다. 지나가는 감정들을 잘 보내주고 그다음에 오는 생각과 마음들을 잘 정리한 다음에 한 말, 감정을 잘 보내준 후 이성적으로 한 생각을 바탕으로 말을 했기 때문에 더 구체적이고 많은 의미를 담아 또렷한 문장으로 말할 수 있었다.

말을 잘해야 하는 이유는 있다. 사회는 1등이 아니라도 먹고살 수 있게 구성되어 있고 최선을 다하면 금방 지친다. 지쳐 있는 사람은 더 이상 노력하지 않는 사람이 아니라 이미 충분히 노력했던 사람이다. 지침은 단순히 쉬라는 신호다. 인내심이 없니, 강하지 못하니, 부족하니 하는 의미를 부여할 필요 없다. 지금 아무것도 하지 않는다고 과거에 했던 노력이 없어지는 것도 아니다. 정답도 정해진 것도, 영원한 건 아무것도 없는 이 세상에서 따져보고 등수 매기는 시간을 줄여서 내 할 일 하면서 살면 된다. 너무 잘할 필요도 애쓸 필요도 없지만, 적당히는 잘해야 재밌다. 주어진 에너지를 나만의 시계에 맞게 잘 나누어 쓰고, 살면서 생기는 기회는 놓치지 않으면서 살았으면 한다. 자연스럽게 다가오는 기회만 잘 잡아도 멀쩡히 살 수 있다. 말을 잘해야 그 기회가 자연스럽게 온다. 보통 기회는 사람을 통해서 오는데 자연스럽게 기회가 오는 길을 만들어주기 위해서 말을 잘해야 한다.

나를 제대로 알아야 나를 제대로 말할 수 있고, 나를 제대로 보여야 나를 제대로 말할 기회가 생긴다. 회사의 입사만 봐도 일단 서류에 합격하면 면접을 통해, 말을 잘하는 사람, 일을 잘할 것처럼 말하는 사람을 합격시켜서 함께 일하며 일을 가르친다. 적어도 말로 손해 보는 사람은 안 되어야 한다. 살면서 나를 제대로 모르는 사람이 오해하는 건 그리 중요하지 않지만, 내가 사랑하는 사람이 나를 오해한다면 문제가 생긴다. 더구나 그게 태도와 표현의 문제라면, 내가 말을 제대로 하지 못해서라면 조금만 신경 쓰면 해결할 수 있는 일이다. 말과 표정, 태도의 변화가 곧 인간관계와 사회생활의 변화에 좋은 신호탄이 될 수 있다.

## 지금은 맞고 그때는 틀리다

말이 그렇다. 사람의 생각도 그렇다. 과거에는 정말 옳다고 믿었던 생각과 말이 지금 생각해보면 참 어렸다고 헛웃음 나는 것들이 많다. 예를 들어 과거에는 우정이 사랑보다 소중하고 대단하다고 믿었다. 우정과 사랑에 명확한 경계가 있었고 친한 친구, 안 친한 친구가 가능했다. 친한 친구가 내 사람이라는 확신도 있었다. 우정보다 사랑이 더 중요하다고 말하는 친구를 의리도 없다며 탓했다. 그때는 진짜 그랬고 그렇게 믿었다. 그때 믿었던 믿음이 그때의 진실이다. 대학교에 들어가면서 스무 살 꼬마 어른의 인생 중심이 되어주던 친구들과 다른 지방으로 흩어지게 되고 연애하고 사회생활을 시작했는데 물리적 거리가 멀어지면 그만큼 연락이 줄어들고 서로 하는 말도 줄어든다. 대화의 시간이 줄어들면 서로 같은 생각을 하는 시간도 줄어들 수밖에 없다. 전화 통화, 영상 통화가 가능해도 실제로 몸이 멀리 떨어져 있으면 마음도 멀어진다. 시간은 흐르고 어른이 되고 또 시대는 변해서 이제는 우정과 사랑 같은 마음보다 돈과 나 자신이 더 중요한 세상으로 변하고 있다.

이제는 사랑과 우정이 명확한 경계가 있는지도 잘 모르겠다. 타인을 사랑하기보다 나 자신을 사랑하라 하고 나의 존재 자체가 존재의 이유인 세상에서 나름의 기준을 잡아야 한다. 그때 옳다고 생각했던 것들이 무언지 무엇이 얼마나 어떻게 변해왔는지 정확히 재단해볼 수 없어서 불안하게 산다. 현실을 제대로 모르니 앞으로도 무엇이 옳을지, 틀릴지 알 수 없어서. 그래서 우리의 미래도 불안한 것이다.

한동안 유난히 방송에서 '다르다.'와 '틀리다.'를 적절하게 말하지 못하는 사람을 지적하는 장면이 많았다. 다르다고 말해야 하는 상황에 틀리다고 말하는 사람의 잘못을 꼬집는 장면을 보여주고는 예민하다는 식으로 자막을 보였다. 누구는 틀린 문법 지적이 당연하다고, 또 다른 사람은 의미만 통하면 되지 않냐고, 그냥 넘어가자는 사람도 있을 거다. 나 또한 어떨 때는 그 지적이 거슬렸고 또 어떨 때는 아무렇지도 않았다. 누구나 소소한 다름과 틀림이 있다. 언제든 자신만의 옳고 그름이 있고 그 정답은 지금도 변하고 있다.

우리는 당장 달려와 주지 못하는 사람에게 굳이 고민을 말하지 않게 된다. 나이가 들수록 더욱 그렇게 된다. 아마 인내할 능력이 생겨서인지도 모르겠다. 고민을 구체적으로 잘 말하는 것 자체가 대단히 수고로운 작업이다. 예전에는 당장 달려와주지 않는 친구를 탓했지만, 지금은 말하지 않음을 택한다. 그래도 그럭저럭 살아갈 수 있다. 아무에게나 말하지 않고 잘 들어주지 않을 것 같은 사람에게는 나를 말하는 수고로운 작업을 하지 않는다. 나이가 들면서 주변에서는 사랑이 더 중요하다고 말하는 사람들이 생기기 시작했고 간간이 연애하면서 나는 사랑보다 우정이 더 소중하다고 말하는 부류였는데, 내 주변에는 사랑보다 우정이 더 중요하다는 사람들이 많이 남았었다.

하지만 지금은 우정과 사랑에 우선순위를 매기지 않는다. 이제는 사랑이 더 중요하다고 말할 때도 있다. 아무 말 하지 않아도 참아 낼 수도 있다. 그때는 맞고 지금은 틀리고 나는 변하고 세상도 변했다. 지금 틀려도 그때는 그랬다고 옳았다고 우기면 별 수 없다. 말이란 게 그렇다. 그때는 맞고 지금은 틀리지만 덜 부끄러울 방법은 큰 소리로 말하지 않는 것이다. 상대방의 입장으로 상황에 맞게 들어주고 공감하려 노력해야 한다. 말을 잘하는 사람, 잘 들어주는 사람이 되는 건 공감을 위한 노력을 통해 비로소 이루어진다.

방송인 유재석은 말의 힘이 사람에게서 나온다는 것을 여실히 보여준다. 지금은 국민 MC라고 불리지만 그도 방송 초보 시절에는 카메라 울렁증으로 고생했고 실수를 많이 했다고 한다. 상을 받고 건방진 적도 있었고 선배들에게 혼날 일도 많았다고. 유재석은 자신의 실수를 숨기지 않고 그때는 그랬다고, 그때의 부끄러움을 담아서 솔직하게 말한다. 부끄러운 과거를 말할 때 장난치지 않고 진지하게 고백하듯 말한다. 지금도 과거의 실수를 반복하지 않기 위해서 무던히 노력하고 있을 것이다. 자신이 했던 실수를 후배들이 하지 않았으면 하는 그 마음이 고스란히 전해져 후배들과 시청자들에게, 나아가 전 국민에게 전해져 개그맨에서 국민 MC 타이틀을 달 수 있지 않았을까. 30년이나 걸린 일을 TV로만 본 내가 몇 줄의 문장으로 다 표현할 수는 없겠지만. 유재석은 실수와 그 실수를 극복하기 위한 노력이 다 보이는 사람, 과거와 지금이 참 잘 연결된 사람이라 생각한다. 그때가 틀렸다는 말을 호탕하게 할 수 있는 사람으로서 배울 점이 있는 어른다운 이야기로 그려지는 사람이다. 자신의 실수에, 그 실수의 부끄러움에 진실할 줄 아는 사람은 호감이 된다. 진실한 말은 사람을 만들고 그 사람이 하는 말에는 강한 힘이 생긴다.

## 평생 말을 배워야 한다

어렸을 때 학교 수업에 말하기, 듣기, 쓰기 과목이 있었다. 일상에서 말을 하는 법과 듣는 법, 쓰는 법을 가르쳐줬다. 안타깝게도 그때 배웠던 것들은 하나도 기억이 나지 않는다. 물론 다시 그 시절의 교과서를 본다면 모르는 내용은 없겠지만 그 시절 수업 시간에 무엇을 배웠는지 실제로 지금 써먹는지는 잘 모르겠다. 교과서는 더 이상 펴지 않지만 우리는 여전히 말을 배운다. 새로운 회사에 들어가면 그 회사에서 다루는 아이템과 조직에서 자주 쓰는 단어와 줄임말, 사인 같은 용어를 습득해야 한다. 일은 시스템과 조직에서 이루어지므로 순서가 있다. 진행 흐름을 알아야 하기에 아무리 잘났더라도 기존에 일하고 있던 사람보다 더 일을 잘할 수 없다. 인간관계도 마찬가지다. 새로운 사람을 만나면 서로를 알아가는 순서가 있고 그 사람이 자주 쓰는 말을 배우고 나 또한 그 사람에게 나의 언어와 자주 쓰는 단어를 가르친다. 자주 쓰는 단어, 자주 보이는 뉘앙스, 단어와 문장, 표정과 태도로 나를 설명하고 알린다.

한 사람의 말에 깊이 익숙해져 있는 사람은 나의 말을 새롭게 가르치기 어렵다. 첫사랑이 깊게 남아 있는 이유는 한 사람의 말을 순수한 상태에서 그대로 흡수시켰기 때문이다. 늘 '예스'란 대답만 듣던 사람에게 나의 '노'를 전달하는 건 정말 쉬운 일이 아니다. 나는 평생 볼 수 없는 내 표정과 행동으로 내 생각의 결을 말과 행동으로 표현해서 상대방에게 나는 이런 사람이라고 가르쳐야 한다. 이러니 나이가 들수록 편한 사람을 찾기 힘들고 첫 만남에 좋은 사람을 만날 가능성이 낮아진다. '나는 이런 사람이야.'를 말로 정의하여 보여주는 데는 한계가 있다, 그 말을 하는 순간에도 무수한 표정과 태도로 나는 이런 사람이고, 이렇게 살아온 사람이라고 말하고 있다. 아마 상대는 말보다 표정과 태도를 더 신뢰할 것이다.

말은 자연스러울 때 가장 잘하는 거다. 말을 최고로 잘한 날은 자연스럽고 나답게 한 날이다. 점수로 치면 75점 정도가 아닐까. 나답게, 내가 하고 싶은 말을 하고 나머지를 들은 사람이 말과 생각으로 채울 수 있는 말. 감정적이지 않고 강요만 없어도 충분히 잘하는 거다. 말은 매번 잘했다고 생각하는 게 아니라 하루를 기준으로 점검해보면 좋다. 오늘 하루 하고 싶은 말을 편하게 했는지, 당황스러운 순간은 잘 지나갔는지, 말이 지나치지 않았는지, 나의 말에 상처받은 사람은 없는지 생각해보고 찜찜하지 않으면 그날은 잘 말한 날이다. 매 순간 모든 말을 잘했나 더듬어볼 필요는 없다.

유창하게 멋있는 말만 하는 게 말을 잘하는 것 같아도 받아들이는 건 오롯이 듣는 사람의 몫이다. 듣는 사람이 제대로 듣지 않고 이해하지 못했으면 소용없다. 오래 볼 사람일수록 있는 그대로 말하고 자연스러운 모습을 보여주는 게 좋다. 사실 말을 잘하는 법은 정말 별것 없다. 말에 진심을 담고 목소리 톤을 부드럽게, 표정이 과하지 않으면 된다. 말하는데 말만큼 표정이 정말 중요한데 나는, 어렸을 때 똑바로 말해야 이야기를 들어주겠다고 말하던 엄마의 단호한 표정이 생각난다.

– 천천히 또박또박 엄마가 알아들을 수 있게 이야기해.

나는 감정이 심각하게 풍부하고 심심하면 웃고 심심하면 울면서 생각하는 대로 말하는 사람이었다. 아무리 생각해도 그놈의 생각이 정말 쓸데없이 많았다. 좋을 땐 좋다고 말하고 싫을 땐 싫다고 말하면서 그게 또 표정과 태도로 분명하게 드러났다. 어렸을 때는 솔직함이라 생각했고. 기분과 감정 상태를 최대한 자세하고 생생하게 말해야 상대가 이해할 거란 철저한 착각. 그게 과해서 부담일 수 있다고 생각하는 데까지는 정말 오랜 시간이 걸렸다. 연애할 때 질린다는 말을 몇 번이고 듣고 나서 겨우 깨닫게 되었다. 기쁜 일을 말할 때는 크게 웃으며 말했고 슬픈 일을 말할 때는 한없이 눈물을 뚝뚝 흘리며 말했다. 나이가 들면서는 우는 일보다 웃을 일이 더 많아지긴 했는데, 여전히 웃으면서 말하는 습관이 있다. 잘 모르는 사람들이 나의 이야기를 들으며 '넌 뭐가 그렇게 좋으냐.'라고 묻기도 한다.

감정을 표정과 태도로, 눈물과 입꼬리, 웃음으로 표현하는 건 정말 엄청난 에너지를 소모한다. 그렇게 에너지 낭비하지 않고 건조한 문장으로 감정 상태를 표현할 수 있었다면 기복 없는 편안한 삶을 살았을까. 그 에너지를 아껴서 더 큰 일을 할 수 있었을까. 엄마는 울면서 뭉개진 발음으로 말하는 나의 이야기를 단호한 표정으로 들어주지 않았다. '그치고 말해. 제대로 말해.'라는 말을 반복했다. 그때는 좀 서럽기도 했는데 그렇게 감정을 추스르길 기다려주었기에 눈물이 정리된 후 나의 감정에 대해 바로 말할 수 있는 연습을 할 수 있었다. 감정을 바로 말하는 건 상황과 연결시켜 감정과 감정이 일어난 이유를 기억하는 좋은 연습이 된다.

사람의 표정은 거짓말 못 한다고 했나. 감정과 표정이 일치하는 게 솔직함이라고, 마음이 표정으로 드러나는 게 솔직함이라고 착각하지만 않았더라면 좀 더 우아하게 말로 감정을 표현할 수 있는 사람이 되었을지도 모르겠다. 착각했던 솔직함이 몇 번의 무례함이 되었는지는 되짚어보지 않아도 되었을지도. 한 번의 눈물은 이해해주더라도 반복되면 받아들이는 사람은 꽤 많이 곤란해진다. 울고 있을 때 나를 만나는 사람이 달래줘야 한다는 오묘한 기대감이 있었다. 어딘가에서 나타나 그윽한 눈빛으로 눈물을 닦아줄 멋진 왕자님이 나타날 거란 환상이 있었다. 이제 와 생각해보니 생각대로 말하는 솔직한 사람은 감정을 그대로 감정적으로 표현하는, 감정이 태도가 되는 사람이었다. 이쯤 되면 조용히 멀어져갔던 사람 몇몇이 머릿속에 떠오른다.

말을 잘하는 방법으로 가장 쉽고, 빠르고, 확실하지만 또 어쩌면 가장 어려운 건 감정을 누그러뜨리고 말하는 거다. 감정을 누그러뜨리기 위해서는 생각과 감정, 기분에 대해서 제대로 자세히 알아야 한다. 제대로 알아야 제대로 누그러뜨릴 수 있다. 나의 감정에 호기심을 가지고 성실하게 알아내고 기억하는 사람이 세상에 얼마나 되나. 오묘한 기대, 애매한 마음, 그때그때 느끼는 감각을 단어로 표현해본 적이 없을 것이다. 한꺼번에 생기는 여러 감정을 풀어서 단어와 문장으로 말해본 적 없다는 거다. 감정적인 순간에는 감정에 모든 신경이 쏠려 있어 표현할 여력이 없었을 거다. 사람은 슬프면 슬퍼하는 데 최선을 다하고 기쁘면 기뻐하는 데 온 에너지를 쏟기에 감정이 작용할 때는 다른 일에 집중할 수 없게 된다.

생각이 교육을 통해 이성적으로 알게 된 것, 판단을 위한 이론이라면 감정은 자연스럽게 일어나는 마음이라 더더욱 답이 없으며 언제나 옳다.

감정을, 감정 조절을 가르쳐주는 사람이 없어서 감정을 대하는 게 익숙하지 못하고 그래서 부정적으로 치부되는지도 모르겠다. 감정은 잘 조절되기만 하면 기쁠 때 기쁘고 슬플 때 슬프면서 삶의 활력을 준다. 일상을 작은 기쁨과 좋은 리듬으로 채워준다. 감정은 감정 그대로 인정하는 게 중요하고 최소의 옳고 그름이 없으며 말로 해야 비로소 명확히 기억할 수 있다. 자세하고 세밀하게 배우기 위해서 우리는 감정을 구체적으로 말해야 한다.

## 감정 말고 태도, 사실은 사람의 문제

감정에 대한 옳고 그름을 판단한다면 그건 태도와 표현의 정도가 문제이지 않을까. 감정과 생각이 얽혀 기분이 만들어지는데 감정이 꽉 찬 말만큼 기분에 영향을 미치고 이해하기 힘든 말도 없다. 감정으로 꽉 차 있으면 말의 내용에 집중할 수 없고 신빙성은 떨어진다. 감정에 꽉 차 있으면 말을 하는 사람도, 듣는 사람도 버거워 사람에 대한 신뢰도도 떨어질 수밖에 없다.

유난히 약속을 잘 취소하는 사람이 있었다. 자주 중요하고 급한 일이 생기고 사과도 정말 잘한다. 상황을 설명하고 이유를 말하면서 정말 미안하다는 뜻을 담아서 연락이 왔다. 카톡으로 하지 않고 꼭 전화하고 가끔 기프티콘도 보내주었다. 처음에는 이렇게까지 사과하는 그 사람을 이해하기로 했다. 하지만 계속 비슷한 상황이 반복되니 그 사람은 화조차 못 내게 하는, 결국은 약속을 잘 깨는 사람 그 이상도 그 이하도 아니었다. 사과를 잘한다는 게 처음에는 먹혀도 계속 반복되면 사람의 신뢰를 깨는 일이 된다. 결국 중요한 건 사과를 잘하는 게 아니라 약속을 지키는 일이니까. 이 사람이 아무리 자신의 상황을 잘 설명하고 잘 사과해도 약속을 잘 지키지 않는 사람임은 변하지 않는다. 그런 사람과 중요한 일을 함께할 수 없다.

말을 잘하고 인간관계를 잘한다는 건 옳은 말, 좋은 말 그리고 상대가 듣고 싶어 하는 말만 골라서 하는 기술이 있어야 하는 건 아니다. 좋은 말과 착한 말만 할 필요는 없다. 다 좋다고, 행복만 하다고, 늘 괜찮기만 하다고, 너의 말이 무조건 옳으니 네가 최고라고만 말하는 사람은 성숙한 어른의 인생에 도움이 되지 못한다. 아마 그런 사람은 사기꾼일 가능성이 높으니 신뢰하면 안 될 거다.

누군가 나에게 말을 잘한다고 말한다면 자신의 마음에 들게 말을 잘해준다는 뜻일 수도 있다. 생각의 결이 같고 경험과 배경지식이 비슷해서 대화가 매끄럽게 이어진다는 뜻이다. 이럴 땐 창의적이고 다양한 의견을 모을 수 없다. 상황에 필요한 말을 잘하는 건 분위기 파악을 잘하는 것이지 말을 잘한다고 볼 수는 없다. 그러니 스스로 생각해보았을 때, 나의 생각과 감정을 언어화하고 단어와 문장으로 속 시원하게 할 수 있는지 판단할 수 있어야 한다.

'말을 잘한다.'의 기준은 타인이 아닌, 다른 사람의 평판이 아닌 내가 정해야 한다. 다른 사람에게 인정받으려 유창하게 말을 하는 게 아니라, 스스로 하고 싶은 말을 다 했다는 편안함과 확신이 필요하다. 얼마나 말해야 답답함을 느끼지 않는지, 얼마나 말해야 나를 적정하게 보여주는지, 어떻게 말해야 상황에 맞는 배려의 말을 하는지, 생각과 마음을 구체적으로 표현할 수 있는지 최종적으로 나만 알고 있다.

말하기 특강 Q&A에서 학생을 가르치는 강사의 질문이 있었다. 자신은 학생들의 진로 상담에서 있는 그대로를 직선적으로 말하는 편인데 그게 학생들에게 상처가 되는 일이 많아서 고민이라고, 어떻게 하면 학생들이 상처받지 않게 상담을 할 수 있는지 질문했다. 사실 이런 질문은 정말 대답이 쉽다. 이미 학생들을 사랑하고 있는 선생님이기 때문에 그 마음은 충분히 전해졌을 거라 믿는다. 말이 빨라지면 감정이 담겼다고 오해할 수 있기에 천천히 말하고 다정하고 친절한 말투로 말하라고 조언해 주었다. 마지막에 웃어주면 미소만으로도 듣는 학생에게는 위로가 될 수 있다고. 조언을 듣고 속상하다면 그 감정 해소도 학생의 몫이다.

타인의 조언에 상처받은 후 극복하고 마음을 다스리는 것도 좋은 성장이 된다. 나를 위한 충고를 듣고 오해하지 않는 것도 듣는 사람이 할 몫이다. 조언을 듣는 사람은 나를 무시하고 하는 말인지, 나를 걱정해서 하는 말인지 정도는 구분할 수 있다. 학생이 스스로 성장할 만큼은 남겨두고 선생님으로서 할 수 있는 범위를 정하고 그 안에서 최선을 다하면 된다. 선생님은 다음 학생과도 건강하게 대화할 수 있어야 한다. 냉정하게 생각될지도 모르지만 가르치는 일을 오래 하기 위해서는 특정한 학생의 감정에 매몰되지 않아야 한다고. 마음은 잘 전해질 거라고 말해주었다.

말을 잘한다는 건 나만의 솔직함 기준을 정립하는 일이다. 얼마나 솔직할지 스스로 정하고 그만큼 솔직하면 된다. 말은 지나치게 솔직하고 지나치게 숨기지 않아야 하는 행위이다. 의외로 단순하고 간단하다. 준비되지 않았거나 하고 싶지 않은 말이거나 숨기고 싶은 말을 들키는 순간 말문이 막히게 된다.

사실 준비되지 않은 것을 물을 때는 잘 모른다고, 알아보겠다고 말하면 된다는 것을 잘 알고 있다. 하지만 자존심 때문인지 막상 현실에서는 모르겠다는 말이 잘 나오지 않는다.

## 말을 말로만 가득 채우지 말길

나도 예전에는 수다 떠는 걸 즐겼다. 지금은 수다 떠는 게 힘들 때가 더 많다. 예전엔 수다로 스트레스를 풀었는데 지금은 말을 많이 할 생각을 하면 스트레스는 받는다. 말이 많은 사람을 만날 생각하면 만나기도 전에 지친다. 하기 싫은 말을 하라거나 끝까지 대답을 요구하며 눈을 쳐다보는 건 눈빛 폭력이 될 수 있다. 피해자는 있지만 가해자는 없는. 처음부터 결이 맞으면 그만큼 시간과 비용을 아낄 수 있는데 왜 굳이 싫다는 사람의 생각을 바꾸려고 시간과 감정을 낭비하나 싶다.

진짜 생각이 복잡하고 깊어질 때는 혼자서 글을 쓴다. 혼자서 글을 쓰면서 정리된 생각으로 이성적인 사람들과 글로 공유하고 싶다. 같이 화내주고 같이 웃어줄 사람 말고 편하게 나의 잘못을 말해주고 사소한 일에 일일이 미안하다, 고맙다고 말하지 않아도 되는 사람이 좋다. 내 말에 혹시 상처받거나 기분이 나빴더라도 의도 없는 말에 매몰되고 오해하지 않는 사람과 편하게 이야기하고 헤어지면 다 잊을 수 있는 그런 대화가 좋다. 한때는 수다만 떨어도 해결되는 일이 많다고 생각했다. 돌아보면 딱 그만큼의 일이었다. 나이를 먹고 책임감이 커질수록 수다와 말로 해결되는 일은 없다. 수다로 해결될 일은 굳이 걱정하지 않아도 된다.

말이 많은 사람이 옆에 있으면 버겁고 말만 많은 사람은 어쩐지 믿을 수가 없다. 전화벨이 울리면 전화를 받기 전에 이 사람이 얼마나 말이 많았더라, 이 사람 말투가 어땠더라, 자기 말만 하는 사람이었나, 하소연을 많이 하던 사람이었나, 전화기 화면에 적힌 이름을 보고 고민하게 된다. 말이 많은 사람은 어쩐지 외로워 보인다. 자랑만 하는 사람, 신세 한탄만 하는 사람, 같은 이야기를 반복하는 사람, 짜증 나면 어떻게든 말로 풀어야 하는 사람의 전화는 부담스럽다. 그런 사람들은 정말 말을 말로만 가득 채운다.

이 나이에 사연이 없는 사람이 어디 있겠냐만 정말 소설 같고 거짓말 같은 일들이 현실에서도 일어나지만, 그래서 영화보다 더 영화 같은 현실이지만 말을 듣고 있으면 '이건 진짜다, 이건 거짓말이다.' 정도는 어렴풋이 판단이 선다. 약간의 허세는 인정되어도 거짓말을 계속 듣고 있는 건 시간 낭비라는 생각에 금방 피곤해진다. 사람은 나이 들수록 내향적인 성향으로 바뀐다는데 밖에서 아무리 재미있어도 어차피 잠을 자러 집에 들어와야 하는 것처럼 사람은 돌고 돌아 나 자신으로 돌아온다는 뜻 아닐까.

사람들은 거짓말을 할 때 특정한 행동을 한다고 한다. 눈동자를 굴리거나 코를 만지기도 하고 무엇보다 제일 티가 나는 건 말이 이상하다. 이 말을 했다가 저 말을 했다가 한다. 거짓말 하고 있는 사람에게 같은 질문을 조금 다르게 하면 이내 곤란해한다. 말끝을 흐리고 했던 말을 다시 반복하고 거짓말을 들키려는 사람처럼 군다. 사람들은 찬찬히 돌아보면 생각보다 거짓말을 참 못한다. 세상은 늘 나를 속였던 것 같았는데 이래서 사는 게 아이러니 아닌가.

예전엔 거짓말이라는 생각이 들면 진실을 찾으려 반박했다. '이 말 진짜야?' 하고 묻고 따졌다. 거짓말하려 작정한 사람에게는 정말 의미 없는 질문이었다. 당연히 진짜라고 하겠지. 거짓말을 판단하는 증거자료가 아니라 내 마음 편하고자 굳이 한 번 더 묻게 된다. 그래서 이젠 거짓말을 하고 있다는 의심이 들면 그저 지금은 진실을 말하기 싫은 상황이구나, 진실을 말하기 싫은 사람이구나, 정도로 생각하고 말없이 듣고 있는 편이다. 그러면 거짓말하는 사람의 노고까지 보인다. 거짓말을 위해 이야기를 지어내고 그 지어낸 이야기를 다 기억해야 다음 거짓말을 할 수 있다. 창의적인 응용력도 요구된다. 거짓말은 또 거짓말로 채워야 한다. 마음이 이랬다, 저랬다 할 수는 있다. 연륜이 있는 사람일수록 마음이 이랬다, 저랬다 변하는 건지 작정하고 거짓말을 하는 건지 쉽게 알아차릴 수 있다. 이해의 폭이 크기 때문이다.

말을 지어내고 기억하다 보면 그냥 마음을 곱게 쓰는 게 차라리 속 편하다는 걸 알게 된다. 그게 나 자신에게 가장 좋다. 거짓말 속에서 어렵게 진실을 찾아내도 결국 상처받는 건 나 자신이었다. 거짓말은 그 내용보다 일단 속이려고 마음먹었다는 자체가 더 중요하니까. 거짓말을 하는 사람들은 말을 정말 말로만 가득 채운다. 며칠을 준비한 특강도 힘이 드는데 특정 상황에 갑자기 만들어야 하는 말을 자연스럽게 할 수 있는 사람이 얼마나 될까. 말을 지어내면서 눈도 마주쳐야 하고 표정 관리도 해야 하고 분위기 파악도 해야 하는데 거짓말이 술술 잘될 리가 없다. 아이의 거짓말이 비교적 잘 보이는 건 경험을 감독하고 있기 때문이다. 작정하고 거짓말을 하는 건 나 자신과 상대방까지 속이는 행위로 아이들의 경험으로는 불가능한 범위다. 그 거짓말을 알아내는 건 그 사람의 모든 경험을 지배해야 가능하다. 나 자신을 속이는 것도, 상대방을 속이는 것도, 그 거짓말에서 진실을 찾아내는 것도 불가능할지도 모른다. 그러니 거짓말하는 사람은 그냥 두면 거짓말을 하다가 지친다. 그때까지 기다리면 된다.

요즘은 말을 하는 것처럼 카톡을 하고 카페에서 수다를 떠는 것처럼 단톡방을 만들어서 수다를 떤다. 상대방이 볼 때까지 수십 개의 '야'를 보내고 단체 카톡방에서 하루 종일 말을 하는 사람도 있다. 감정을 대신해 주던 이모티콘도 어떤 날은 그저 과하기만 하다. 나와는 상관없는 의미 없는 말은 안 보면 그만이고 1을 없애고 없애지 않고는 자유이지만 쌓여 가는 빨간색 동그라미 안에 숫자가 커질 때 부담스러운 건 어쩔 수 없다. 어떤 사람은 그 빨간색 동그라미를 그냥 보고 있을 수 없어서 카톡방을 나간다고도 했다. 안 보면 그만이지만 은근히 궁금하고 신경이 쓰이고 이상하게 소외당하는 느낌도 든다. 분명 의미 없는 이야기일 테고 별 얘기 없을 텐데.

나도 일과 친목 등을 이유로 몇 개의 단톡방에 속해 있지만 그 속에서 쏟아져 나오는 모든 말에 집중하진 않는다. 최근에는 이 단톡방 안에 얼마나 진실과 진심이 있을까 생각했다. 둘 다 별로 없을 거라는 결론에 도달할 때쯤 그럼 얼마나 많은 거짓말이 있을까 궁금했다. 그리고 그 거짓말을 의도하였을까, 의도하지 않았을까, 생각해보았다. 단톡방에서는 표정, 분위기, 눈동자, 눈빛 따위를 신경 쓰지 않아도 되기에 더 쉽게 말을 할 수 있다. 그리고 쉽게 거짓말이 된다. 단순히 사실과 진실의 문제는 아니다. 단톡방의 질문은 굳이 나에게 대답을 요구하지 않으니 대답하지 않아도 되고 누구든 쉽게 가벼운 거짓말을 할 수 있다. '카더라'를 말해도 몰랐다고 발 빼면 그만이다.

단톡방의 최대 장점이자 최대 공허한 점은, 내가 없어도 돌아가는 것이다. 굳이 나 하나 더 말을 보태지 않아도 되기에 진정성이 있는 말과 섞여 있을 허세, 변명, 거짓말이 진짜 우리가 피로한 이유이지 않을까. 늘 단톡방은 말로 꽉 차 있다. 단순한 말이 아닌 허세와 변명, 거짓말, 정확히 언제 없어졌는지 모를 1들로. 하지만 완전히 무시할 수 없도록 그 속에 사실과 진실도 간간이 있다. 그래서 그만할 수 없고 또 그래서 피곤하고 힘들다.

이미 결론이 나 있는 공개된 투표에 나의 의견을 자유롭게 말할 수 있을까. 말을 말로 꽉 채우면 결론을 강요할 수도 있다. 지금 원치 않는 말로만 꽉 차 있는 모임에 속해 있다면 당장 빠져나와야 한다. 단순히 말로만 가득 채워져 있는 카톡방은 당장 빠져나오길.

## 칭찬을 '잘'하지 않아요

나는 칭찬을 좋아하지 않는다. 칭찬을 하는 것도 듣는 것도 썩 유쾌하지 않다. 갓 스무 살이 되었을 때 '그런가 보다.' 하면서도 묘하게 기분 나빴던 말이 2가지 있었는데, 하나가 '나를 좋아하는 데 싫어할 사람이 어디 있어.'와 '칭찬하면 당연히 기분이 좋지.'였다. 둘 다 연애와 사회생활에 온갖 혼란을 남기고 나서 겨우 그렇지 않을 수도 있다고, 그렇지 않아도 된다고 결론 낼 수 있었다. 기분에 대한 기준은 다 다르고 상황에 따라갈 수도 있다. 상황에 따라간 기분은 그 흐름이 오래가지 못한다. 기분은 여기저기 이끌려 다니면 휩쓸리지 않을 만큼 관리해야 한다. 처음 만났을 땐 상대가 어떤 말에 기분 좋아할지 알 수 없기에 기분이 좋아지라고 의도를 담아 칭찬을 하지 않는다. '예쁘다고 말하면 좋아하겠지, 인상이 좋다고 말하면 기분 좋겠지.'는 철저히 상대를 배려하지 않은 오롯이 나의 생각이고 평가가 반영된 타인에 대한 잣대, 나의 기준이다.

정확하지 않을 칭찬은 하지 않는다. 상대방이 기분 나쁘다면 의도가 좋아도 아무 소용없다. 예뻐졌다, 살 빠져 보인다는 말을 흔히 칭찬이라 생각하지만 '예뻐졌다'는 말은 왠지 가시가 있고 건강상의 문제로 살이 빠졌다면 듣는 사람에게 상처를 줄 수 있다. 칭찬의 말을 건네면 기분이 좋아지거나 나빠지거나 둘 중 하나인데, 친분이 없는 사람과의 첫 만남에서 감정의 변화가 없는 게 차라리 낫다. 칭찬에 감정변화를 일으키지 않을 사람에게는 칭찬하겠다. 그 사람에게는 '나 지금 분위기 풀려고 노력하고 있어요.'라고 들릴 테니까. 내가 칭찬 듣는 것을 좋아하지 않기에 타인도 잘 칭찬하지 않는다.

칭찬은 나 기분 좋으려고 한다. 웃으면서 상대방에게 좋아 보인다고 말하면 내가 기분이 좋아지는 데 남을 위한 칭찬보다 나의 기분을 위한 칭찬이다. 타인에게 좋은 메시지를 건네며 나의 기분이 좋아진다. 아무리 좋은 의도로 칭찬해도 어쨌든 평가라 타인을 쉽게 평가하지 않으려 조심스럽게 말한다. 칭찬의 말과 말의 의미보다는 너를 위해 웃으면서 말하는 나를 보고 기분이 좋아지길 바란다.

세상의 모든 말은 좋은 의도라고 무조건 이해받을 수 없다. 나 또한 그 칭찬에 가끔은 숨이 막힐 때도 있다. 칭찬은 가끔 힘들 때 나 자신에게만

한다. 내가 한 말을 가장 먼저 듣는 건 나 자신이다. 내가 듣고 싶은 위로나 공감의 말을 타인에게 하는 사람은 결국 나 자신에게 그 말을 해주는 것과 같다. 상황에 적절하지 못한 칭찬은 내가 듣고 싶은 말로 타인을 위로하는 강요가 될 수 있다. 타인에게 하는 칭찬을 나 자신이 가장 먼저 듣는다. 모든 일을 잘 마무리 지어놓고 잠들기 전에 '수고했어, 잘 참았어.' 하고 혼자 되뇌는 게 가장 짙고 깊게 나 자신을 위로해준다.

파이팅이라는 응원은 정말 말뿐인 응원이다. 현실에서는 정말 현실적인 조언과 문제를 해결해줄 수 있는 게 나는 좋다. 칭찬 중에서도 정말 하지 않는 말은 '잘했어'이다. '잘'했다는 칭찬은 너무 많은 장점과 노력을 한마디의 결과만으로 한정하려 한다. 한 시간 내내 긍정적인 감정으로 할 수 있는 건강한 메시지의 전달을 잘했다는 짧은 한마디로 정리하려 한다. 글을 보고 잘 썼다고 칭찬해버리면 더 이상의 감상을 차단한다. 어느 부분이 좋았고, 어떤 장면이 묘사되고, 나타내고 싶은 주제는 무엇인지, 어떤 심정으로 썼는지에 대한 대화가 필요하다. 잘했다는 건 결과만을 위한 칭찬으로 그동안의 과정과 노력을 놓치는 칭찬의 말이 될 수도 있다. 그 어떤 결과도 항상 잘한 일은 없다. 더 신경 써야 하는 내일과 덜 신경 써도 되는 내일이 있을 뿐이다. 타인에게 하는 칭찬도, 나 자신을 향하는 칭찬도 자세하고 긴 문장으로 하자.

요즘은 성실하고 착하게 노력해서 이룬 작은 성공보다 최대한 적게 노력하고 가성비 있는 성공이 잘했다는 칭찬을 듣는 세상이다. 덜 노력하고 성공한 사람에게 잘했다고 칭찬하는 건 아닐까. 마치 '잘' 노력하고 있는 성실한 사람들이 헛고생하고 있다고 말하는 것 같아서 나는 어떤 결과 앞에서 '최고야, 잘했어'라는 칭찬은 최대한 아낀다. 모든 면에서 공평하고 평등할 순 없지만 그래도 매번 억울한 사람은 없어야 한다. 잘했다는 칭찬보다 잘하고 있다는 응원이 더 필요하지 않을까. 노력한 만큼만 이루어서는 평범하고 행복하게 살 수 없는데 노력한 만큼도 이루어지지 않는다면 얼마나 힘이 들까. 잘했다는 칭찬마저 운이 좋은 사람들만 듣는다면 세상은 불공평한 게 아닌가. 나는 진실되게 말하고 성실하게 글을 쓰며, 진심과 성실함도 능력임을 증명하고 싶다.

아, 그런데 잘했다고 한마디만 해달라는 사람도 가끔 있다. 그럴 땐 꼭 다정하게 해준다. 수고했어. 잘했어. 파이팅.

내가 칭찬에 인색한 이유는 어렸을 때부터 내 기분은 내가 정했기 때문이다. 엄마는 늘 직접 선택하고 내가 원하는 대로 행동하고 똑바로 말하라고 했다. 스스로 시작하면 스스로 마무리까지 생각하게 된다. 내가 벌인 일은 내가 책임져야 한다는 생각이 저절로 든다. 책임지지 않을 일은 벌이지 않고, 어디까지 책임질 수 있는지 나의 능력을 알고 선을 그어야 한다. 초등학교 2학년 때 구구단을 제대로 못 외웠다. 엄마는 구구단을 못 외워서 속상하냐고 물었다. 나는 아니라고 대답했다. 학교에서 구구단을 못 외워서 집에서 외워오라 했고 선생님께 혼나는 시간이 신났다. 집에 가면 엄마가 구구단을 가르쳐줬다. 언니도 있고 동생도 있어서 늘 양보해야 했는데 엄마도 양보의 대상이었다. 하지만 구구단을 외울 때 엄마는 내 차지였다. 엄만 똑같이 그 자리에서 비슷한 자세로, 비슷한 목소리 톤으로 구구단을 알려주었다. 참 희한하게도 엄마의 목소리는 정확하게 기억나지 않지만 엄마의 비슷한 목소리 톤과 비슷한 눈빛이 기억이 난다. 결국 구구단을 다 외웠다는 걸 선생님께 들켜버려서 구구단 공부를 하지 않아도 되었고 그 경험은 참 안정적으로 삶을 지탱해준다. 나 혼자 뒤처진 상황에서 타인의 칭찬 없이 꾸준히 나의 부족함을 채우는 시간을 버틸 수 있는 경험이 되어주었다.

## 말과 감정을 분리하라

학생 때 친구와 놀러가는 건 괜찮지만 '그 약속 가기 싫어. 그 친구랑 놀기 싫어.'라고 말하면 엄마에게 혼났다. 가기 싫은 약속은 왜 잡았으며 놀기 싫은 친구와 왜 가까워졌냐는 거였다. 약속도 내가 한 것이고 친구도 내가 사귄 거라고. 엄마의 말이 틀린 말은 아니었다. 가기 싫은 약속을 잡은 건 나이고 놀기 싫은 그 친구와 친해진 것도 다 내가 만들어놓은 인간관계였다. 그때는 가기 싫은 약속을 피하는 법, 싫은 약속이 만들어질 때 어떻게 해야 하는지, 친구와의 갈등이 있을 때 어떻게 말해야 하는지를 몰랐다. 무엇보다 어떤 친구가 나와 잘 맞는지 관계의 기본을 알지 못했다. 얼마만큼 말해야 하는지, 얼마만큼 마음을 다잡고 감정을 정리해서 말해야 하는지는 스스로 연습이 필요하다.

여러 사람들과 함께 있을 때 눈물이 나면 눈앞에 있는 사람에게 내 눈물의 이유를 설명해야 한다. 내 감정 상태는 나만 알고 있다. 운다고 상대방이 나의 슬픔을 다 알아주진 않는다. 우는 사람을 잘 달래줄 거라 생각하지만 막상 현실에서는 깜짝 놀라고 어떻게 해야 할지 몰라 우물쭈물하는 경우가 많다. 나를 달래라고 강요할 수 없는 일이다. 감정을 언어화시키고 구체화 시켜 말하는 법은 어렸을 때부터 연습했다면 좋았겠지만 지금이라도 해야 한다. 아무리 늦어도 언젠가는 해야 한다. 어느 정도 슬프면 눈물이 나는지, 어느 정도 좋으면 나 스스로 웃음을 조절할 수 없는지는 나만 알고 있다.

말하기에 재능이 있다면 아마도 기억을 곱씹고, 곱씹고 곱씹는 기술일 거다. 이건 상처를 곱씹고 곱씹는 것과는 완전히 다른 기술이다. 아무 감정을 일으키지 않는 곱씹음이 나만의 말하기 재능이다. 기억을 곱씹으면 그때의 감정과 상황을 어떤 언어로 설명하고 풀어갔는지 다시 기억할 수 있다. 감정과 상처를 연결시키는 게 아니라 언어화시켜서 문장으로 기억하고 말하는 게 중요하다. 기억을 곱씹으면서 감정을 제거하고 이성적으로 정리해서 이를 설명할 수 있는 단어와 문장을 만들어낸다.

생각의 곱씹음이 말하기 연습이다. 생각을 문장으로 준비해놓고 필요할 때 꺼낸다. 특정한 문장을 정확하게 기억하는 건 어려워도 비슷한 의미로 말하는 건 편하게 할 수 있다. 기억을 떠올리고 표현하고를 반복하면 더 구체적인 표현을 할 수가 있다. 처음부터 잘할 수 없고 처음부터 잘할 필요도 없다. 감정을 빼고 이미 머릿속에서 정리된 말이 어설프게 문장으로 나와도 그 자체로 울림이 있다. 모든 사람이 유창하게 말을 잘하는 사람을 원하는 건 아니다. 수줍게 말하고 천천히 말해도 얼마든지 사랑받고 좋은 인간관계를 만들 수 있다. 그런 나와 편안하게 대화해주는 사람들과 만나서 대화하고 진심을 나누면 된다. 말하기를 좋아하는 사람과 들어주는 걸 좋아하는 사람, 생각을 잘 말하는 사람과 감정을 말하는 사람, 문과적 사람과 이과적 사람처럼 서로 다른 사람이 훨씬 끌리기도 한다. 그러니 말빨 센 사람 앞에서 기죽을 필요 없다.

생각을 곱씹음은 상처를 곱씹는 것과는 확실히 다르다. 상처를 곱씹고 자꾸 생각하는 건 그때의 감정을 고스란히 느끼면서 나를 괴롭히는 일이라면 단순히 생각을 반복적으로 떠올리는 건 감정을 건드리지 않고도 할 수 있다. 상처를 감정을 건드리지 않고도 곱씹을 수 있다면 그 상처에서 자유로워졌다고 말할 수 있다.

한번은 늦은 저녁으로 짜파게티를 먹는데 아는 선생님께 카톡이 왔다. '청년들에게 꼭 필요한 게 무엇일까요?'라는 질문이었다. 선생님은 '친구? 취업? 돈? 부모님?' 같은 단어를 말씀하셨고 나는 자기 객관화라고 대답했다. 그럼 우리 나이대의 사람들에게는 무엇이 필요할지 물으셨다. 나는 믿음이라고 대답했다. 우리는 이제 고생하기 싫고 몸 편한 게 최고이니 믿을 구석이 있어야 하니까 서로에게 믿을 구석이 되어주자고 마무리하면 어떻겠냐고 코멘트해드렸고 선생님은 긍정해주셨다. 만약 뜬금없이 '무슨 말이냐? 지금 밥 먹는 중이다.' 등등의 앞뒤 파악을 위한 감정이 깔린 말을 했다면 아마 '서로에게 믿을 구석이 되어주자.' 같은 근사한 결론은 나오지 못했을 거다. 5분 정도의 짧은 대화로 농도 짙은 대화를 할 수 있었던 건 평소에 선생님과 함께한 시간이 있고 함께한 대화가 있어서다. 이 선생님은 평소에도 종종 이런 앞, 뒤 없는 엉뚱한 질문을 해왔었고 나는 그런 대답을 즐기면서 함께한 시간이 꽤 많았다. 우리는 이런 대화를 노는 거라 생각하는 이상한 사람들이었고, 이런 생각과 대화를 하면서 함께 놀 수 있는 서로를 소중하게 생각하고 있었다. 나 또한 평소에 하고 있던 생각이라서 쉽게 대답할 수 있었다. 짜파게티에 파김치를 돌돌 말면서도.

## 말에 나이가 중요하다

글쓰기 수업을 진행하거나 독서 모임을 진행할 때, 모두 ~님이라는 호칭을 사용한다. '어머님, 선생님, ~씨'라 부르지 않는다. 그 누구도 어머님도 선생님도 아니다. 모든 참여자는 '~님'으로 동등하다. 80세 할머니도, 고등학생도 똑같은 참여자이다. 우리가 글을 쓰는 이유는 보통 나 자신을 돌아보고 제대로 알기 위함인데, 그 시작이 자신의 이름이었으면 하는 나의 바람이 담겨 있다. 자신의 이름으로 불리며 자신에 대한 글을 쓰면 책임과 의무감 가득한 현실에서 제법 벗어나 오롯이 나 자신에 집중할 수 있다. 수업을 진행하며 혼자서 이름 불러주기 챌린지 중이다. 덕분에 수업하는 동안 참여자의 이름을 모두 외운다. 보통 우리는 이름이 아닌 일상 속 의무감의 나로 불린다. 엄마, 이모, 아들, 딸, 누나로, 회사에서는 직급으로 또 직업으로 불리기도 한다. 그래서 생각이 틀에 갇히게 되고 상상하는 게 어려워진다. 수많은 사람 중의 한 명, 직업 중 한 명, 직급 중 한 명으로 현실을 살아내지만 적어도 글을 쓸 때만은 세상에서 유일한 사람으로 존재의 가치를 인식하길 바란다.

사람과 사람이 만나서 대화하고 나를 이야기하고 상대의 이야기를 들으며 서로를 알아가려면 나이도 중요하다. 물론 여기서 말하는 나이는 일방적으로 누가 누구의 말을 들어야 하고 존댓말의 당위성을 결정지어 그 말을 따라야 한다는 수직적 예의를 강조하는 건 아니다. 사람은 나이에 따라 경험을 할 수 있는 기회와 기간이 다르다. 80세 어른과 고등학생이 함께 알고 있는 공통 관심사가 있을 수는 있지만 깊이가 같은 이야기를 할 수 없다.

다양한 세대가 함께 공감하기 위해서는 자신이 속한 세대를 제대로 가르치고 배울 시간이 선행되어야 한다. 말하기에 앞서 그 세대에 속한 누군가가 아니라 오롯한 나 자신이 되어야 한다. 어떤 직업의 사람, 중년 중의 한 명, 여성에서 빠져나와 나 자신이 될 자극과 시간이 필요하다. 80세 어른과 고등학생을 마주 앉혀놓고 서로 공감하라는 말은 그저 수단과 방법을 가리지 않고 아름다운 결과를 내어놓으라는 말과 같다. 사회의 시스템에 맞춰 우리는 비슷한 나이에 학교를 입학하고 대부분 비슷한 나이에 졸업한다. 대부분 비슷함이 기본이 되면 특별한 것들만 받아들이면 된다. 과학 기술이 발전하면서 환경에 영향력을 많이 받으며 살아가는데 비슷한 환경에서 살아왔기 때문에 세대가 같고 나이가 같으면 서로를 공감하기 쉽다.

나이가 많다고 더 성숙한 어른인 건 아니지만 더 많은 시간을 살아와서 다양한 시대와 다양한 경험을 해본 건 사실이다. 다양한 경험은 다양한 이야기를 할 수 있게 한다. 말을 하는데 나이란, 서로가 어떤 경험이 있는지를 알고 경험에 대한 존중을 위한 기준이 된다. 하루의 경험과 1년의 경험, 10년의 경험은 같다고 할 수 없다. 말하는 데는 나이가, 그러니까 나이대에 맞는 경험과 그 경험에 공들인 시간이 정말 중요하다.

무조건 나이 많다고 존대해라, 존중하라는 강요로 나이와 경험의 가치를 떨어트리지 않아야 한다. 사실 경험이 많다는 건 상처가 많다는 것이고 상처가 많은 건 피하고 싶은 게 많다는 뜻일 수도 있다. 그렇지만 자신에게 생긴 편견과 선입견으로 세상을 바라보면서 상대와 대화하면 제대로 된 대화를 할 수 없다. 새로운 사람을 만난다는 건 새로운 세계를 알아가는 것과 같으니까. 말하기는 평생 하는 습관이라 한번 자리 잡히면 바꾸기가 쉽지 않다. 내가 어떻게 말하느냐에 따라 내 주변에 남는 사람이 정해진다. 나이가 들수록 더욱 그러하다.

나이에 깃들어 있는 경험과 생각, 지혜를 심도 있게 생각해봐야 한다. 말을 하는 사람과 듣는 사람 모두에게 필요한 자세다. 해봤기에 알 수 있는 경험, 해보지 않았기에 알 수 없는 호기심이 적정히 어우러질 때 좋은 대화를 할 수 있다. 청소년, 대학생, 청년, 어른들은 각각의 경험이 다를 것이니 할 말, 해줄 말, 들어야 할 말, 듣고 싶은 말이 다 다르다. 다양한 경험의 깊이를 배우기 위해서 나이대가 비슷한 사람과의 대화도, 경험이 더 많은 사람과의 대화도 필요하다. 경험이 많은 사람도 경험이 적은 사람에게 배울 게 있다. 나이 많은 사람도 어린 사람에게 배울 게 있다. 잊고 살았던 것들을 순수함으로 깨닫게 해준다. 개개인의 경험이 달라도 일반적인 공통 관심사로 대화를 이어가면 그 속의 공감대와 특별함을 찾을 수 있다. 이야기가 다채로워진다.

내 주변 사람들은 이제 주식과 부동산과 세계 경제에 대해 말하는 걸 좋아하고 술을 마시면 회식 같다. 그도 그럴 것이 이미 그들은 나에게나 친구이지 회사에서는 차장, 부장, 어떤 부서의 책임자일 거다. 며칠 전 친구들과 술 한잔했는데 예전에 회사 다닐 때 싫어했던 회사의 부장님이 하셨던 말씀을 친구들이 하고 있었다. 하, 나도 나이 들긴 했나 보다.

## 자주 말하는 단어가 나를 말한다

긍정적인 사람은 긍정적인 단어를 많이 쓰고 부정적인 사람은 부정적인 단어를 많이 쓴다. 당연한 말 같아도 자신이 긍정적인 단어를 많이 쓰는지 부정적인 단어를 많이 쓰는 사람인지 아는 사람은 그리 많지 않다. 평소 모습을 녹화해서 보거나 녹음해서 들어봐야 다른 사람이 듣는 내 말투가 어떤지 확인해볼 수 있다. 싸우는 모습을 녹화해서 다시 보여주면 비소로 화를 낼 때 나의 표정과 말투를 상대의 입장에서 보게 된다. 언니는 조카가 말끝마다 자꾸 '치'라고 해서 혼낸 적이 있었는데, 조카는 엉엉 울면서 엄마를 따라 한 거라고 했다. 언니는 엉엉 우는 조카를 안아서 달래주며 미안하다고 말할 수밖에 없었다.

아는 지인은 잊지 않기 위해서 생각날 때 그때그때 바로 말을 하고 카톡을 보내놓는다고 했다. 실제로 그 사람은 주말이든 평일이든, 밤이든 낮이든, 여행 중이든 연락이 왔다. 나는 그 사람과 오랫동안 좋은 관계를 유지하지 못했다.

회사생활을 할 때 가장 많이 한 말은 '네.' 이다. '네, 넵, 예, 알겠습니다.' 등등 끝을 내는 단어였다. 할 수 없는 이유를 찾고 범위를 한정시키는 말을 많이 했다. 회사에서 '넵.' 하며 받았던 스트레스를 친구를 만나서 풀었다. '억울하다, 어떻게 그럴 수 있나, 할 만큼 했다, 그 일이 잘 못되어도 아무도 나에게 돌을 던지지 못한다.' 같은 부정적인 이유를 정당화시키는 말을 수시로 했고 동의받고 싶었다. 당시 기업을 관리하는 일을 했는데 수익, 손익, 누구 때문에, 같은 단어를 많이 썼다. 그러면서 돈은 많이 벌고 싶었고 재테크를 잘하고 싶어서 투자와 주식, 코인에 관심이 많았다. 주식이 오르면 성공한 하루, 보고서 결재를 받으면 완벽한 하루가 되기도 했다.

일 잘하는 사람으로 평가받고 싶었고 일 잘하는 사람으로 구분되고 싶었다. 평가가 기회일지 몰라 평가받는 게 좋았다. 그게 인정받는 방법이고 제대로 살고 있다는 걸 증명한다고 믿었다. 누군가의 평가가 내 삶의 기준이었다니 그때 했던 생각과 판단이 내 인생에서 유용했을 리가 없다. 그땐 긍정적인 단어를 쓰기나 했을까. '좋다, 행복하다, 편안하다, 즐겁다, 기쁘다, 관심 있다, 재미있다.' 같은 단어와는 참 어울리지 않는다. 부정적인 단어만 썼던 그때는 참 고단했구나, 자주 속상했구나 싶다.

글을 쓰며 사는 지금은 특별히 어떤 단어를 많이 쓰는 건 없다. 내가 말을 하고 글을 쓸 때 쓰는 단어들은 아마도 긍정적이다 혹은 부정적이다, 아니 둘로 나뉘어 명확하게 구분할 수 없을 거다. 에세이를 쓸 때는 에세이 문구처럼 말을 한다고, 소설을 쓸 때는 말도 소설 같다는 말을 많이 들었다. 입에서 나오는 단어마다 결이 다르고 색깔도 다르고, 나의 이야기를 들어주고 나의 글을 읽어주는 사람마다 다르게 해석될 거라 믿는다.

나는 하고 싶은 말은 천천히 하고 최대한 글로 표현하려 노력하고, 말하기 싫을 때는 입을 닫는 편이다. 그게 스트레스를 견디는 방법이면서 유일한 반항이다. 말을 하고 싶지 않을 때 하지 않아도 되고 하기 싫은 대답은 굳이 하지 않아도 되는 게 내 삶의 질을 정하는 프리랜서 최고의 이점이다. 말하고 싶지 않을 때 아무 말도 안 해도 되는 자유, 하고 싶은 말을 다 할 수 있는 자유보다 아무 말도 하고 싶지 않을 때 아무 말도 하지 않아도 되는 자유가 더 좋다. 그게 자유롭다고 느낀다.

최근 가장 자주 썼던 단어는 기쁨이다. 씀의 기쁨, 말하기의 기쁨, 함께 만들어가는 기쁨을 많이 말한다. 씀의 기쁨은 진행했던 글쓰기 특강 제목인데, 글쓰기는 언제, 어디서든 시작할 수 있는 가성비 좋은 우아한 취미로 글쓰기를 제안하고 쓰면서 느끼는 기쁨을 알았으면 해서 정했다. 말하기의 기쁨은 내 생각을 구체적으로 말 할 수 있으면 우린 답답함을 느끼지 않을 것이기에 말을 하면 시원해질 뿐만 아니라 나아가 기쁨으로 인식하길 바란다.

요즘 부쩍 결혼에 대한 고민을 상담하는 사람들이 많다. 30대에 접어드는 동생들을 만나면 결혼을 하겠다 혹은 하지 않겠다며 어쨌든 결혼을 이야기한다. 할 때마다 비슷한 이야기는 할 때마다 진지하다. 아마 그만큼 결혼은 중요한 사건이고 결혼에 대한 고민이 깊다는 뜻일 거다. 세상이 바뀌어 열 번 찍어 안 넘어가는 나무 없다는 격으로 사람을 찍다간 범죄자가 된다. 요즘은 나무를 찍을 게 아니라 나무 주변의 땅을 사야 한다고, 그 땅은 크면 클수록 좋다고 한다. 울타리도 치고 꽃도 심으며 공을 들여야지 바로 도끼를 갖다 대는 반복 작업으로 아무것도 해결되지 않는다. 그 도끼에 내 발등이 찍힐 뿐이다.

결혼예찬론자인 나는 뉴스에 나오는 부정적인 기사를 너무 많이 찾아보지 말라고 결혼은 함께 만들어 가는 기쁨을 느끼며 제2의 인생을 만들어가는 과정이라고 말해준다. 결혼은 교통사고가 두려워도 교통 규칙을 지키며 도로 위를 조심히 달리는 초보운전자가 되는 것과 같다. 사회는 요즘 사람들이 이기적이어서 결혼도, 출산도 안 하려 한다고 쉽게 말하지만 실제로 당사자들을 만나보면 단순히 이기적인 마음으로 비혼과 비출산을 다짐한 사람은 잘 없다. 자신만의 사정과 고민이 있고 적정한 타협선을 찾지 못해서 방황하고 있는 청춘들이 많다. 모임을 나가면 인생에 정답은 없고 천천히 여유를 가지고 살자는 말을 많이 듣는다. 힐링 특강에서나 들을 법한 문장을 평범한 모임에서도 들을 수 있다. 사람들에게 여유와 쉼이 필요하나 보다.

사회의 시스템에 휩쓸리다가 삶이 버거우면 원래부터 잘 알고 있어야 할 나 자신을 그제야 나를 돌아본다. 나 자신을 제대로 몰랐다는 사실과 그 방향이 틀렸음을 인정하는 시간은 인생 최대의 좌절이 된다. 그 시간을 잘 견뎌야 새로운 방향에 도전할 수 있다. 좌절하는 동안 정신 똑바로 차리고 내가 좌절할 때 어떤 사람인지를 제대로 알아야 한다. 그게 새로운 삶을 시작하는 기반이 될 수 있다. 자기계발서와 에세이가 유행하고 유튜브로도 쉽게 성장하고 배울 수 있어서 똑똑한 사람이 많아지고 있다. 그 많은 똑똑한 사람 속에서 대화의 결과 삶의 방향과 맞는 사람을 다시 성실하게 찾아야 하기에 나에게 맞는 단어와 문장, 나를 잘 표현할 수 있는 단어와 문장으로 나의 말을 준비해야 한다.

요즘 청년들을 대상으로 특강을 하고 그들과 함께하는 시간을 많이 가진다. 보통 20대에서 30대 초반의 청년은 보통은 나보다 어린데, 처음에는 '작가님, ~씨, ~님'이라는 호칭으로 존대하다가 마음이 열리면 '언니, 누나, 누님'이라 부르면서 말을 놓기도 한다. 문제는 다음에 만났을 때 말을 편하게 했는지 존대했는지를 잊을 때가 많다. 마스크로 가려진 얼굴로 만나면 서로의 얼굴과 표정을 기억하기 힘들어 이름과 매치시켜 기억하는 건 정말 많은 노력이 필요하다. 말을 놓기로 했던 사람이 다시 만났을 때 존대하면 어색해지고 거리감이 생기기 마련이다. 존대하다가 갑자기 말을 놓아버리면 상대방은 불쾌하고 기분이 나쁠 거다. 그렇다고 매번 내가 말을 높였는지 편하게 말했는지 묻기도 애매해서 이럴 때 한글의 존대 문법이 어렵다는 걸 느낀다.

그럼에도 불구하고 이 팍팍한 세상에서 이름과 눈빛과 존댓말을 했는지, 편하게 말을 했는지 정도는 기억해야 제대로 사회생활을 할 수 있지 않을까. 사람을 처음 만날 때 존댓말을 해야 할지, 얼마나 친절해야 할지, 나를 얼마나 드러내야 할지 등등 다양하게 생각하며 그래도 사람에 대한 기본, 존중에 대한 기본, 사람의 기분에 대한 기본은 기억하며 사는 게 좋지 않을까.

## 무조건 침묵하지 마세요

침묵은 금이다?

가만히 있으면 중간이라도 간다?

쓸데없는 말을 하지 말라?

나는 이런 말을 좋아하지 않는다. 침묵이 금이라고? 요즘 금 시세가 얼마나 왔다 갔다 하는데 금에 침묵을 비유하는지 모르겠다. 침묵을 시세가 왔다 갔다 하는 금에 비교하는 건 어쨌든 분위기 파악 잘하고 해야 할 말을 잘하란 말과 똑같다. 오락가락하는 상대방의 감정에 눈치껏 잘 대응하라는 뜻이 된다. 상대방의 이야기를 잘 들어주고 적절히 반응해주면 좋은 배려가 된다. 들어주는 과정에서 내가 한 배려와 공감은 상대방을 타고 다시 나에게 전해져 또 다른 감정으로 남는데, 여기서 다시 돌아온 감정까지 내 몫이다. 내가 해결해야 한다. 내가 해결할 수 있는 감정만큼 배려하고 공감하고 받아들이고 들어야 한다.

조용히 들어주는 게, 그냥 안아주는 게 필요한 순간이 있다. 심적인 안정감이 간절할 때는 그저 들어주기만 해도 도움이 될지 몰라도 심적 안정감을 찾은 후에는 현실적인 해결책과 조언이 더 필요하다. 해결책을 찾아 몸을 움직이고 행동해서 성공과 실패를 시작할 수 있어야 한다. 새로운 시작을 하는데 침묵은 아무것도 해줄 수 없다. 요즘 같은 자기 개성이 중요하고 자기 브랜드가 요구되는 시대에 가만히 있으면서 중간을 가는 건 원하지도 않는다. 삶의 방향은 내가 직접 정하는 건데 왜 가만히 있어서 중간으로 가라는 건지 중간에서 또 여기가 과연 중간이 맞는지, 보통인지, 나는 평범한지 여기저기 눈치 보면서 살지 않으려면 자꾸 나 자신에게 말을 걸고 나에 대해서 말을 하고 확인하면서 나를 제대로 알고 중심을 잡아야 한다.

사회에서 일어나는 대부분의 일은 한 사람만 잘해봤자 별로 효과가 없다. 화려하게 빛나는 연예인의 뒤에는 무수히 많은 스텝이 있고 대기업의 회장도 많은 직원과 함께 일한다. 한 권의 빛나는 책의 뒤편에는 무수히 많은 독자가 있다. 세상에 혼자 빛날 수 있는 사람도 사물도 없다. 반짝이는 보석도 누군가의 손가락에, 목덜미에, 귀에 걸쳐야 비로소 제대로 아름답게 빛날 수 있으니까.

한 사람이 일방적으로 말을 잘하는 건 그건 일방적으로 누군 가르치고 누군 배우는 사이, 즉 사제지간이다. 동등한 친구로 시작한 관계가 자꾸 일방적으로 가르치려 하는 사제지간이 되면 금방 지치게 된다. 아무리 좋은 말도 일방적으로 하면 제대로 전달될 리 없다. 우리가 엄마의 잔소리를 귀담아듣지 않았고 학교 수업을 제대로 듣지 않는 것과 같다. 말의 방향에는 우열이 없다. 자신이 듣기 싫어서 쓸데없는 소리로 치부해버리는 사람과 어쩔 수 없이 버려진 말은 있어도, 세상의 모든 말과 글은 소중하다.

내가 듣기 싫은 말이라고 쓸데없는 말로 치부하지 않기 위해서 잘 듣고 또 잘 말해주어야 한다. 잘 말하고 잘 듣기, 둘 다 잘해야 한다. 정말 기본적인 말에 대한 상식이다. 기본적이고 가장 상식적인 것이 우리의 일상에서 가장 중요하다. 일단 들어라, 무조건 침묵을 강조할 게 아니라 잘 들어주는 사람이 되어야 하고 이해하기 위해 노력해야 한다. 이해도 노력이라는 상식이 통해야 한다. 노력이 담긴 이해를 바탕으로 피드백까지 해주면 더 좋다.

차라리 침묵하라는 말을 오해하지 않았으면 좋겠다. 침묵하라는 말은 어떤 말을 해야 할지 모를 때 침착하게 들어주라는 말이다. 무조건 아무 말도 하지 말고, 말 그대로 닥치고 가만히 있으라는 말이 아니라 침묵하고 잘 들어서 이해하려고 노력하고 피드백을 해주라는 뜻이다. 그 말로 인해 나에게 전해 온 감정은 스스로 조절해야 하고 나에게 아무 해가 없어야 한다는 의미이다. 여기까지가 좋은 대화이고 적정한 침묵이다. 성숙한 인간관계를 유지하기 위해서는 좋은 말도, 상황에 맞는 옳은 침묵도 필요하다. 잘 말하고 잘 듣고 잘 침묵하면, 그 말에 어울리는 사람들이 주변에 모인다.

나는 신문방송학과를 졸업하고 전공을 쿨하게 포기하고 보통의 사무직을 선택했다. 미련이 없었다. 아마 쉽게 포기했다는 말을 많이 하고 다녔으니 포기와 어울리는 사람을 많이 만났을 거다. 전공을 살리고 싶다고 말하고 다녔다면 그 말을 들었던 사람을 통해서 기회가 몇 번은 오지 않았을까. 시간은 지났고 퇴사 후, 글만 쓰게 되면서 시청자미디어 센터에서 시민 기자를 신청하는 공고를 보고 수업을 들었다. 울산mbc 국장님께서 강의를 해주셨는데 아주 인자한 얼굴로 적극적으로 하라고 말씀해주셨다. 한 달이 넘는 수업 중에서 가장 기억에 남는 문장은 적극적으로 하라는 잘 알고 있었지만 중요함을 잊고 살았던 문장이었다. 사람들은 의외로, 아니 당연히 타인에게 그렇게까지 관심이 없으니 적극적으로 촬영하고 적극적으로 취재하고 적극적으로 보도하라고 하셨다.

이제는 남들이 나에게 크게 관심이 없다는 말을 내가 중요하지 않은 사람이라는 뜻이 아니라, 용기를 내라는 말로 알아들을 수 있다. 적극적으로 살아도 된다는 걸 왜 잊고 살았을까. 오히려 다정하게 다가와 주고 잘 들어주는 사람, 적극적으로 경청하는 사람을 조심해야 한다. 나의 말을 잘 들어주는 사람의 눈빛을 보고 있으면 마음의 경계가 허물어져 순간적으로 다 말해버릴 수도 있다. 경청해준다는 이유로 정해두었던 이야기보다 더 많이 이야기하면 그 후에 마음이 더 복잡해질 수도 있다.

처음에 특강을 할 때는 정말 근사하고 대단한 이야기를 해주고 싶었다. 일상에서 들을 수 없는 말을 해주고 싶었다. 나의 이야기를 들으러 오는 사람들에게 머리에 뭘 맞은 듯, 정말 기가 막힌 강연을 해주고 싶었다. 의외로 내 생각의 끝은 '적극적으로 살아요. 나 자신에게는 솔직하세요. 글을 쓰면 행복해져요. 이해해주면 마음이 편해요. 착하게 살아도 괜찮다.'는 평범하고 당연한 말이었다. 평범하고 당연한 것들을 까먹지 않기 위해 적극적으로 살아야 한다.

## 이기심이 자존감으로

예전에는 자기 자신을 우선순위로 생각하는 사람, 나로 가득 차 있는 사람을 이기적이라고 했다. 자기중심적인 사람은 이기적이고 친구들과 잘 어울리지 못한다는 부정적인 뜻이었다. 나는 섬세하고 예민한 편에다가 말까지, 표현까지 잘했고 목소리까지 컸다. 심지어 발음도 좋았다. 그때의 감정과 생각에 대한 이야기를 많이 했고 또 내 이야기가 재미있었다. 주변으로부터 이기적이라는 말을 자주 들었다. 스스로 생각하기에 그리 나쁜 어린이 같진 않았지만 남들이 이기적이라 하니 그런가 보다 했다. 이기적인 나와 놀아주는 친구들에게 고마운 마음을 가지고 의기소침해진 적도 많았다. 하지만 요즘은 자기중심적이란 말이 자존감으로 표현된다. 자기가 중심에 있는 사람은 기준점이 있는 사람이다. 시대가 변하니 이기심은 자존감이란 이름으로 달라졌다. 나 자신을 잘 지키고 나와 잘 지내는 게 배려하며 타인과 잘 지내는 것보다 훨씬 중요해졌다.

누구보다 계획대로 사는 사람이었다. 계획의 중심에도 내가 있었다. 도피성 즉흥적인 여행을 떠나긴 했어도 도피가 아닌 즉흥은 없었다. 인생에는 계획적인 목표가 명확하게 있었다. 회사에서 일할 때는, 머릿속으로 몇 시까지 정리하고 몇 시까지 일을 마치겠노라고 다짐하고 있었고 계획을 처리하기 위해 늘 신경이 곤두서 있었다. 일을 제대로 끝내지 못하면 스트레스를 받았다. 내가 그러니까 다들 그렇게 하는지 알았다. 내가 깐깐했는지는 몰랐다. 장점이 있었다면 실수를 금방 보고한다는 것이었다. 실수를 보고 하는데도 말빨이 필요하다. 물론 이 말빨은 열심히 했으면 자동적으로 생긴다. 계획에 없었던 실수를 금방 알아채고 계획과 어긋나면 바로 보고했다. 혼나면 어쩌지, 어떻게 말하지를 그리 고민하지 않았다. 계획 안에는 업무 성과는 포함되어 있었지만 실수는 없었다. 계획에 틀어진 일이기에 금방 알아차리고 보고하면서 실수에 대한 의무감을 털어낼 수 있었다. 그만큼만 월급을 받았으니까. 실수를 즉각적으로 보고 하는 건 책임을 벗어나는 가장 쉬운 방법이었다.

계획을 세우고 계획을 말하고, 큰 소리로 하고 싶은 말을 하면 나를 잘 보여줄 수 있을 줄 알았다. 하지만 그때 타인이 나를 긍정적으로 평가했다고 할 수 없으며, 그렇게 평가받아봤자 남아 있는 것도 없다. 가장 계획적으로 살면서 가장 큰소리치면서 살았던 때가 가장 힘들었다. 계획은

착착 진행되는데 왜 이렇게 힘들고 불행한지 몰랐다. 계획을 실행하는 데 힘든지 알았고 사는 건 당연히 힘들다고 생각했다. 돌이켜보니 계획과 실행으로 두 배로 에너지가 필요했고 쉽게 지쳤고 그래서 힘들었다. 우리는 지금이 힘들 때보다 여력이 없을 때 더 쉽게 지친다. 남들보다 세 배의 에너지를 쏟았으니 당연히 삶은 과했다. 그렇게 듣기 싫었던 욕심이 많다는 말을 증명하는 순간은 꽤 많았다. 과한 건 언젠가 견딜 수 없는 시점이 오면 아무렇게나 터진다.

어느 날부터 계획을 놓고 막살기로 했다. 물론 나 같은 현실 쫄보는 막산다고 해도 아무런 사고도 못 친다. 오늘 하루 종일 할 일을 곱씹지 않는다던가, 오전에 하기로 했던 일을 미뤄서 오후에 하고 친구와 했던 약속을 아프다는 핑계로 미루고 하루 내내 아무런 생산적인 활동을 안 하는 정도이다. 계획 없이 내 방식대로 막 살았다. 계획이 없으니 결과도 없을 거라는 불안, 그 불안한 시간을 보내는 게 나름 막사는 방법이었다. 하루는 어떻게든 이어져 특별히 계획을 하지 않아도, 쉬고 있어도 어떤 일은 타인에 의해서도 진행된다. 내가 여유 있어야 타인이 다가오고 쉬고 있을 때 타인에 의해 진행되는 일이 더 잘 티가 난다.

나에 대해서 잘 말해놓으면 더 근사한 일이 되어 돌아오기도 하고 성실히 보낸 어제가 쌓여 있으면 결과는 훨씬 다양해진다. 상상하지 못한 결과가 되어 돌아오기도 한다. 살면서 기회가 없어서 성공할 수 없다고 말하는 사람들은 아마 나를 잘 말하지 않고 제대로 보여주지 않았을 가능성이 크다. 굳이 계획을 세우지 않더라도 나를 잘 말해놓고, 나를 잘 보여주었다면 계획보다 더 근사하게 우연히 다시 돌아오게 되더라. 글을 쓰며 평생 산다는 건 돈으로 말고 마음과 사람으로 부자가 되겠다는 다짐이다. 계획과 성과를 포기해야 할 수 있는 다짐이다.

예전에 어떤 인터뷰에서 계획이나 목표가 없냐고 물었는데, 정말 특별한 계획도 목표도 없었다. 바라는 건 지금 쓰는 글 꾸준히 잘 쓰고 지치지 않는 정도였는데 이건 계획과 목표라고 말하기도 또 아니라고 말하기도 애매했다. 난 이제 계획 앞에 애매한 사람이라 가성비 떨어지는 계획은 세우지 않는다. 하루하루 주어진 일에 최선을 다하며 사는 사람이다. 어떤 대답이라도 해야 했기에 사람들과 책 이야기를 하며 북토크가 하고 싶다고 대답했었다. 다행히도 지금 내 책을 읽은 사람들과 가깝게 만나며 책 이야기를 할 수 있는 시간을 만들어가고 있다.

MBTI가 유행하면서 내가 계획적인 사람인가, 즉흥적인 사람인가 고민해본 적이 있다. 난 그저 스트레스에 취약한 사람이고 계획은 나에게 스트레스를 준다는 것, 계획을 세우긴 하지만 계획으로 실행한 실적보다 계획을 실행할 때의 압박을 힘들어한다는 걸 알게 되었다. 잘 견디지 못하는 사람은 애초에 견뎌야 할 상황을 만들지 않아야 한다. 그래서 멋들어진 계획보다 재미있게 놀면서 터지는 즉흥적인 행동이 더 좋은 결과를 준다고 믿는다. 그래서 나는 결과 따위 까먹을 만큼 즐기는 편이다.

나의 놀자는 말은 글에 대한 이야기를 하자는 말이고 글로 말하면 단순한 수다도 더 성숙하고 솔직한 이야기로 채울 수 있다. 여전히 어떤 일을 하기로 확정하면 스스로 순서를 정하고 기한을 정하고 해야 할 일은 반드시 한다. 정확한 계획이 없어도 일상에서는 매일 다른 일이 일어난다. 결론적으로 나는 의지대로 살고 있다는 거다. 어떤 일이든지 의지가 있으면 할 수 있다. 계획적이지도 않고 즉흥적이지도 않는, 생각이 많은 나는 그렇게 단순하지도 않으면서 왜 그렇게 이분법적으로 생각했나 모르겠다.

요즘 일이 많아지고 해야 할 일이 많으면서 계획적으로 살려고 노력한다. 이건 내 의지이다. 일에서는 개인적인 성향보다 성과가 중요하다는 걸 잘 알고 일을 함께하기로 한 기관들과 사람들과의 약속을 잘 지키기 위함이다. 약속을 잘 지키는 것도 나를 잘 모르는 사람들에게 나를 잘 보여주고 잘 말하는 기술이라고 믿는다. 계획과 의지 사이의 단어, 의지와 즉흥 사이의 단어를 또 찾아봐야겠다. 계획적인지 즉흥적인지 나누어 어디에도 속하지 않는다며 흔들리지 않고 그 중간의 단어를 찾으며 나만의 기준으로 자존감을 지킬 수 있다.

## 사과하세요, 하지 마세요

사과를 잘해야 한다는 글을 많이 썼다. 실제로 나의 에세이에 사과에 대한 글이 다 있다. 천성적으로 예민하고 섬세해서 많이 서운하고 섭섭했고, 서운하고 섭섭한 만큼 사과로 채워주길 바랐다. 나도 모르고 너도 몰랐던, 그래서 아무도 모르는 서운함, 섭섭함이라는 감정을 채워주길 바랐으니 제대로 행복했을 리가 없다. 솔직히 말하면 나는 예민함을 감정적 우월감으로 이용하려 했는지도 모르겠다. 우는 아이 한 번 더 안아준다고 나는 예민하니까 나를 중심으로 생각해달라고, 사랑받고 싶었는지도 모르겠다. 그렇게 사랑받진 못한 건 그러니까 그런 방법으로 사랑받을 수 없다는 건 확실하다.

감정 중심적 태도를 보이면 주변 사람들은 금방 지치고 조언과 충고를 제대로 해주지 못하고 겉도는 관계는 진정성이 없게 겨우 유지되거나 오래가지 못한다. 서운함과 섭섭함이라는 감정은 비슷한 뜻으로 작용하는데, 한창 감정을 휘두를 때는 성에 차게 사과하는 사람이 없었다. 그게 관심과 사랑이 부족해서 몰라준다고 생각하니 더 서운하고 더 섭섭했다. 감정 조절이 잘되지 않을 때 다른 사람들을 괴롭힌다고 생각하지만, 정말 맞는 말이긴 하지만, 가장 괴로운 사람은 자기 자신일 거다. 자신의 감정도 제대로 통제되지 않는데 그 불안한 상태로 타인까지 통제하려 시도하니 얼마나 불안하고 혼란스러울까.

감정 조절은 나이가 든다고 여러 상황을 겪는다고 누구나 쉽게 할 수 있는 건 아닌 거 같다. 나 또한 말하지 않아도 얼마나 섭섭한지, 기분이 어떤지 알아주길 바랐다. 말해도 제대로 알지 못하는 서운함과 섭섭함을 말도 하지 않고 알아주길 바랐다니. 나도 참 꿈도 야무졌다. 이런 상황에서는 정신 차리고 사과할 타이밍을 놓치는 경우가 많다.

사과는 불안하고 혼란스러울 때 하는 게 아니다. 정신 똑바로 차리고 상황 파악하고 제대로 하는 거다. 지금 당장 얘기해서 오해를 풀고 마음을 풀고 서로 사과하고 악수하자는 건 시간이 필요한 사람에게는 폭력이 될 수 있다. 글을 쓰고 나서는 이해되지 않는 사람을 생각하면서 그 상대의 입장에서 이야기를 만들어본다. 찬찬히 머릿속으로 그 사람이 되어 상상해보고 이해를 시도한다.

여전히 사람은 온전히 입장 바꿔 생각하는 건 불가능하다고 믿지만,

글을 써보면 적어도 상대방 생각의 흐름을 따라가볼 수 있다. 그럼 화가 나거나 짜증의 감정이 일어나기 전에 먼저 이해되고 받아들여지는 일이 많다. 이해되어야 다음의 미안한 감정이 온전히 온다. 그래야 상대방만을 위한 사과가 아닌, 나 자신까지 이해할 수 있는 사과를 할 수 있다. 사람은 사람에게 한결같음을 주지 않는다. 어떨 때는 서운하고 섭섭하게도 하지만 분명 고맙고 곁에서 지켜주었던 일도 많다. 지금의 감정에 매몰되거나 평소에 스트레스 지수가 높은 사람일수록 좋은 것과 싫은 것으로 이분법적 사고를 한다고 하는데, 나를 좋아하는지 싫어하는지 혼란스러운 것보다 나를 싫어한다고 정하고 슬퍼하는 게 더 안정감을 느낀다고 한다.

그렇다면 서운한 마음은 왜 생기는 걸까. 기대라는 게 참 요상하다. 일단 기대가 생각인지 감정인지부터 헷갈린다. 기대는 어떤 일이 원하는 대로 이루어지기를 바라면서 기다리는 것이다. 생각과 감정, 즉 마음의 차이를 정확하게 설명할 수 있을지 모르겠지만 우리가 인간관계에서 타인과 함께 나누는 건 마음이다. 업무적으로 만나는 사람과는 생각을, 친분이 있는 지인과는 기분과 마음을 나눈다. 감정은 생각보다는 마음에서 더 많이 일어난다. 기대는 생각보다는 마음 쪽이다. 기대는 마치 응원처럼 우리 곁에 있지만, 기대하는 것들은 대부분 실망하기 마련이다. 언제부턴가 기대할게라는 응원은 혹시 부담이 될까 봐, 기대를 충족하지 못했을 때 미안함이 될까 봐, 하지 않게 되었다. 아침에 일어나서 기대감이 아니라 호기심을 가질 수 있다면 훨씬 가벼워지고 좀 더 쉽게 행복에 닿을 수 있지 않을까.

이젠 주변에 내가 좋아하는 사람들이 필요 이상으로 사과하는 걸 봤을 때는 안타까운 마음이 보인다. 평일 오후 특강을 하면 저녁 7시 정도에 시작한다. 낮에 회사에서 일하고 퇴근하고 저녁도 먹지 못하고 달려왔으면서 조금 늦었다고 고개를 90도 이상으로 숙이는 참가자들을 보면 너무 안타깝다. 요즘은 너무 사과를 많이 하지 말라고, 사과는 꼭 해야 할 때만 진심으로 짧고 간결하게 잘못한 것만 딱 골라서 하라고 진짜 잘못했을 때만 사과하라고 특강을 한다.

여전히 서운하다고 말하는 사람에게 끝까지, 사과하고 마음을 다해서 진심으로 해야 한다는 생각은 변함이 없다. 다만 지금 서운하고 섭섭하다고 그동안 함께했던 시간이 없어지는 건 아니라는 말을 하고 싶다. 서운함과 섭섭함이 고마움과 감사함을 갉아먹어서는 안 된다고. 미안한 상황에 모두 사과하고 고마운 상황에 모두 고맙다고 말하는 관계는 피곤해질 수밖에 없다. 사람과는 오래 보는 게 좋은데, 오래 보려면 적당한 이해와 배려는 필요하다. 너무 섭섭해하지 않는 것도 인간관계에서 중요한 배려이다. 미안하다는 말은, 그 말 자체로서 사과가 아니다. 진정으로 사과하지 않으면 미안하다는 말에는 미안한 마음의 의미는 없다.

## 회사에서 적당히 말하는 법

나는 어렸을 때 남들보다 빨리 말하기를 시작했고 글을 읽으면서 또박또박 말했다고 한다. 학교 다닐 때도 회사를 다닐 때도 말은 계속 잘했다. 청소년일 때는 감정을 다 말하느라 말하기 연습이 되었고 대학교 4년 내내 공부는 열심히 하지 않았지만 책을 많이 읽었고 학원에서 학생들을 가르쳤는데 그게 우연히도 나의 말하기에 많은 도움을 주었을 거다. 이런 우연이 맞아 떨어진 거라면 난 정말 운이 좋은 사람이다.

회사에서는 확실히 말을 잘하는 게 좋지 않을 때가 더 많았다. 말을 잘한다는 기준은 상황과 속한 집단, 판단하는 사람에 따라 다른데, 사회생활을 처음 할 때는 하고 싶은 말을 침묵으로 표현해야 인정받는다. 하고 싶은 말을 다 하면 안 된다는 걸 알게 되면서 말을 아끼게 되었고 생각나는 대로, 하고 싶은 말을 하는 기술보다 상대가 원하는 말을 하는 기술을 습득하면서 분위기 파악하는 실력도 같이 키워야 했다.

차라리 모르면 속이나 편하지, 쓸데없이 많이 알고 있으면 더 답답할 일이 많아지고 또 답답하다고 다 말하면 쓸데없이 말이 많은 사람이 되는 게 우리의 월급 값이라고 하니, 게다가 옳은 말을 따박따박 하면 주변에 적이 많아진다. 말보다는 뉘앙스, 분위기 파악이 그 회사의 말을 배우고, 거기서 해야 할 말을 배우는 과정이었고, 퇴사 후 그 회사에서 배웠던 말을 지우고 일상의 말을 새롭게 채우는 일은 생각보다 느리게 되었고 소소했다. 회사 다닐 때는 절대 내 일이 아닌 일에는 아는 척을 하지 말고, 퇴사하고 나서도 평생 글이나 쓰고 살자, 남이 하는 일에 괜히 입을 떼서 일을 만들지 말자고 다짐했지만 여전히 특강을 하고 강의를 하면서 말하는 삶을 살고 있다. 생각해보면 나는 글 쓰면서 도 닦는 관종이 아닌가 한다. 남의 인생에 참견하지 말자고 그렇게 다짐했지만 내 글을 읽고 힘을 얻었다거나 고민을 상담해오는 사람들을 보면 또 가만히 있을 수가 없다.

"작가님, 회사생활 잘하려면 어떻게 해야 해요?"
"작가님, 퇴사하고 싶어요."

"티가 나지 않는 일은 절대 하지 마. 창고 정리, 창고 구석 정리, 서류함이 박혀 있는 서류 정리, 이런 거 절대 하지 마. 하려면 엉망일 때 사진 찍고 내가 일한 부분 다 사진 찍고 보고서 꼭 써서 결재를 받아. 회사에서 절대 몰래 고생하지 마. 소문내면서 고생해. 그리고 나중에 너는 후배의 작은 고생도 다 알아봐 주는 선배가 되길 바라."

진심이 담긴 질문 앞에서 해주고 싶은 말이 자꾸자꾸 생각난다. 나도 그랬으니까. 답을 알려줄 사람이 필요했다. 그런데 없었다. 잘 아는 마음이라 모른 척 거절하기 힘들다. '조금만 용기를 줘도 내일 아침 발걸음이 훨씬 가벼울 텐데, 이것만 알려줘도 지금 저렇게 고민하지 않을 텐데, 사실 별일 아닌데, 푹 자고 일어나면 되는데, 하늘은 무너지지 않는데.' 하는 생각이 자꾸 들어서 동생들을 옆에 앉혀놓고 여전히 잔소리한다.

잔소리의 특징은 결론이 없다는 거다. 그리고 나는 타인의 인생에 결론을 내어주진 못한다. 몇 마디 말로는 더더욱. 말로 타인의 인생에 방향을 잡아준다면 그건 참견에 불과하다. 여러 가지 가능성을 말해주고 부정적인 친구에게는 긍정적인 이야기를, 한없이 긍정적인 친구에게는 부정적일 가능성을 말해준다. 내가 했던 실수는 반복하지 않았으면 하기에 경험으로 해줄 수 있는 공감이 최선이다. 어차피 내일이 있으니 내일 할 일은 내일 하면 된다. 감정적일 때 중요한 결론을 내리지 않도록 결론의 밸런스를 스스로 깨닫게 도와주기 위함이다. 오래 할 수 있도록 적당한 중간을 찾을 수 있는 친절하고 다정한 조력자이고 싶어서 여전히 결론 없는 잔소리처럼 말을 한다.

사회생활에는 능력을 표현할 수 있는 적당한 양과 적당한 질의 말이 필요하다. 너무 잘해도 안 되고 너무 못하는 건 더 안 된다. 말을 너무 잘하면 그 회사의 일이 전부 올 수 있으니 주의해야 한다. 회사는 말과 일에 책임이 따르는 곳이다. 말하는 능력과 업무 능력이 비례할 때 나에게 가장 맞는 회사생활을 할 수 있다. 실수를 말로 때우려 하지 말고, 능력 이상의 말로 나를 설명하지 말아야 한다. 회사에서 좋은 게 좋은 건 없다. 결국 누군가는 책임을 지기에 우리가 월급을 받는다. 내 경험상 회사는 일을 잘한다고 나만 콕 찍어서 인정해주지 않는다. 연봉 상승률은 모든 직원 대상임을 의미하고, 특별 상여도 매년 한 사람에게만 줄 수 없다. 사회가 그렇고, 시스템이 그렇고 보상이 그렇다. 어디에도 나만 콕 찍은, 내 이름이 적혀진 대가는 없다.

이미 면접을 볼 때 그 분야에서 최상의 실력자를 뽑은 게 아니라 그 직무에 그 정도 연봉에 맞는 대상자로 일을 진행할 사람으로 선정되어 일하고 있을 거다. 회사 업무는 특정 일을 해내는 게 아니라 일을 진행할 곳이다. 꿈을 이루고 성장하는 곳이 아니라, 나의 시간을 투자해서 돈을 버는 곳이다. 거기에 성장이 있었다면 그건 덤이다. 메인이 아니라. 최선을 다하라는 말은 최고의 성과와 그 일을 오래 할 수 있음도 포함되어 있다. 입사와 동시에 나의 자리는 이미 정해져 있었다.

회사에서는 할 수 있는 영역만큼만, 능력만큼 선을 긋고 그 테두리 안에서 일하며 말을 잘해야 한다. 업무 영역을 확실하게 정하고 정확하게 알려야 사소한 일에 불려 다니지 않는다. 사람에 치이지 않고 사소한 일에 내 업무를 방해받지 않는다면 반은 성공이다. 사람은 누구나 시스템에 익숙해지는 데는 시간이 필요한데 성실함과 꾸준함도 요구된다. 즉 성실함과 꾸준함도 능력이라는 뜻이다.

이미 알고 있었지만 잊고 있었던 것을 다시 인지하고 엄청난 깨달음을 얻는다고 한다. 어떤 일에 한참 빠져 혼란스러울 때 '조금만 힘을 빼볼까. 천천히 생각해보면 어때.'처럼 평범한 말을 듣기 위해 우리는 혼자보다는 함께 일을 한다. 서로 적당한 중간을 찾을 수 있게 도와주면서 찾는 나만의 적당한 중간. 중간이 있는 삶, 내 인생의 중간에 있는 삶. 가까운 사람에게 마음을 쏟고 오지랖 부리고 여전히 참견하면서 나 역시 적당한 삶의 밸런스를 유지하고 있다. 적당히 괜찮은 하루하루가 모이면 나는 성장한다고 믿는데, 적당히 사는 게 가장 좋은 매일매일 성장하는 방법 아닐까.

## 첫 거래처에 전화하는 마음으로

어떻게 하면 말을 잘할 수 있을까 고민하는 분들에게 가장 먼저, 말을 잘할 수 있는 공간을 찾으라고 말한다. 내가 편하게 말할 수 있는 장소, 나의 말을 이야기를 잘 들어줄 사람 앞에서 마음 편하게, 말의 내용만 생각하면서 이야기해보는 것이 좋다. 말의 높낮이, 속도, 억양, 태도는 신경 쓰지 않고 오직 말을 내용만 생각하면서 연습해본다. 온전히 나를 수용해줄 거란 믿음이 있으면 좀 더 쉽게 말할 수 있다. 익숙한 장소에서는 익숙한 말이 나온다.

평소 의식의 흐름대로 하던 말이 자연스럽게 나온다. 매일 밤 같은 침대에서 잠들기 전에 하루를 돌아보는 건 매일매일 습관적으로 학습된 기술일지도 모른다. 책상을 보면서 공부를 떠올리고 식탁을 보면서 밥을 먹어야겠다고 생각하듯, 침대에 누워서 잠이 들기 전에는 매일 했듯이 오늘의 기억을 불러온다. 그래서 창의적인 생각을 하거나 반짝이는 아이디어가 필요할 때는 침대가 좋은 공간이 되지 못한다.

늘 비슷한 걱정이 반복될 때는 평소 만나지 않던 사람을 만나거나 새로운 공간에 가는 변화를 주는 게 좋다. 사실 우리가 말을 잘하지 못하는 건 특별한 기술이 없어서라기보다는 믿을 구석이 없어서다. 혹시 사회가 계속 삭막해져서 들어줄 사람이 없어서 사람들이 제대로 말하지 못하고 그래서 답답함을 느껴 마음의 병을 얻는 사람이 많아지는 건 아닌가. 내 말을 들어줄 사람이 어떤 생각을 할지 알 수 없고 그 앞에서 말하고 있는 나 자신도 믿지 못해서 불안하기에 말이 잘 나오지 않을 뿐이다. 실력이 없어서 그러니까 내가 못나서 일어나는 불상사는 아니라는 말을 꼭 해주고 싶다.

많은 사람 앞에서 편하게 웃으면서 강의하는 나를 보면서 특별한 말하는 기술이 있냐고, 어떻게 그렇게 말을 술술 내뱉냐고 묻는다. 보통 강의할 때는 PPT를 준비하는데 강의 자료를 직접 준비했고 나 자신에게 부끄럽지 않을 만큼 공부한다. 적어도 듣는 사람보다는 그 강의에 대해 한 해 가장 많이 알고 있다고 믿는다. 베스트셀러 작가는 되지 못해도 1년에 한 권씩 출간하고 글을 쓰는데 행복하다고 자신 있게 말할 수 있음이 잘 말할 수 있도록 지지해주고 있다. 철저히 준비했으니 장기자랑처럼 공부한 걸 자랑하듯 말한다. 그러니 그 시간이 참 신나고 재미있다. 웃으면서 자신 있게 말할 수 있는 방법이다. 여기에 혹시 실수하면 죄송하다고 사과할 용기, 부족함을 인정할 여유만 있다면 말을 잘하는 건 그리 어렵지 않다.

낯선 장소에서 여러 사람 앞에서 말을 한다는 건 그 누구에게도 쉬운 일이 아니다. 준비가 되지 않은 상황이라면 더더욱 그렇다. 나는 말을 잘하기 위해서 먼저 글을 써보라고 권한다. 물론 내가 말하는 글은 제대로 되고 된 완벽한 글은 아니다. 머릿속에서 생각나는 단어를 떠올리고 단어만 써놓아도 괜찮다. 글씨가 틀려도 순서대로 쓰지 않아도 된다. 손에 메모지만 있어도 심적으로 안정감이 생기고 몇 개의 단어로 정리해보면 오히려 간단하게 느껴지기도 한다. 나도 강의 준비가 잘된 날은 머릿속에 꼭 말해야 하는 단어만 명확하게 그려진다. 문장으로 몇 문장을 적어놓고 펜을 들고 하나하나 한 말에 줄을 쳐가는 것도 방법이다. 첫 회사에서 사무실에 앉아 처음 거래처에 전화를 걸었던 마음으로 대화를 시도해보자. 아, 회사를 다녀본 적이 없는 사람은 중요한 일로 전화하기 전에 마음을 가다듬던 경험을 떠올려보면 된다.

나의 부족함을 인정하며 최선을 다하는 마음, 그 어떤 말도 다 들어줄 마음으로 필요한 말은 메모하고 메모를 보면서 몇 번이고 말하는 연습을 하고 수화기를 드는 것처럼, 글을 써보면 중요하다고 생각했던 단어들이 이야기에 어우러져 떠오르고 훨씬 더 감정이 절제되고 이성적으로 대화할 수 있음을 알 수 있다.

사람마다 민감도와 둔감도가 다르다. 말을 할 때 긴장하는 정도가 다르다. 예민한 사람들은 다양한 기분을 느끼면서 요동치는 삶을 살 것이고 둔감한 사람들은 재미는 덜하지만 예민한 사람들보다는 더 편안하게 살 수 있지 않을까 한다. 아마 그 둘은 그 어떤 대화로도 서로를 제대로 알 수 없을 거다. 꼭 서로를 완벽히 알아야 좋은 인간관계가 되는 건 아니기에 수용하고 받아들이며 인간관계를 만들어간다. 서로의 단순함에 혹은 복잡함에 호기심을 가지기만 해도 충분하다.

## 좋은 질문을 많이 하세요

사회생활을 잘하고 인간관계를 안녕히 유지하는 방법으로 좋은 질문이 필요하다. 사람들에게 너의 문제점이 뭐냐고 물으면 나의 잘못된 점을 자꾸 생각한다. 현실에서 부족하거나 해결할 수 없는 부분은 타인을, 세상을 탓하게 된다. 세상을 해결하는 데는 한계가 있기에 불행해질 수밖에 없다.

너의 꿈이 뭔지, 네가 가장 재미있어 하는 게 무엇인지 물으면 그런 긍정적인 것들을 떠올린다. 현실에 맞추어 살면 좋아하고 아끼는 것들을 잊고 살 게 된다. 명품백은 카드 할부가 끝나기 전에 방구석에 처박히기도 한다. 어떻게 내가 좋아하는 것을 잊고 하고 싶은 일을 잊고 사느냐 의아할 수 있지만 사람이 그렇다. 어릴 때 꿈꾸었던 미래를 기억하고 지금의 삶과 비교하지 않으며 추억할 수만 있어도 우린 제법 잘살고 있다고 믿어도 된다. '그땐 그랬지, 그땐 그렇게 순수했지.' 하고 과거를 그대로 인정하고 추억하며 다시 현실로 돌아와 자신의 삶에 최선을 다할 수 있으면 그 자체가 소중하고 근사한 삶이다. 우린 서로에게 추억을 말할 수 있게 추억을 많이 물어주어야 한다.

내가 이렇게 사는 건 너 때문이라고, 타인을 탓하고 현실을 탓하면 모두 불행해질 수밖에 없다. 말을 잘하는 방법으로는 좋은 질문을 많이 하는 것을 추천한다. 타인에게도, 나 자신에게도 좋은 질문을 많이 해 줘야 한다. 좋은 질문을 해줘야 긍정적인 방향으로 생각하고 건강한 대답을 들을 수 있다. 그래야 에너지가 생기는 대화를 할 수 있다. 요즘 물가가 갑자기 많이 올라서 너도 나도 '물가가 비싸다, 생활비가 많이 들어간다, 대출이자가 높다.'는 말을 많이 한다. 현실적인 문제라 살면서 아주 중요하긴 하지만 모두 그런 말만 하면 숨이 막힌다.

바꿀 수 없는 현실을 탓할 시간을 아껴 어떻게 살길 바라냐고 나 자신에게 묻고, 나는 늘 가볍게 살자고 다짐한다. 굳이 구체적으로 기억하지 못해도, 내가 어떤 말을 했는지, 어떤 말을 들었는지만 찬찬히 되짚어보기만 해도 된다.

글쓰기 모임에서 인생을 돌아보는 글을 쓰는 프로젝트에 멘토로 활동한 적이 있다. 좋은 대학교를 졸업하고 똑똑했던 한 참여자는 어떤 글을 써야 할지 잘 모르겠다고 도움을 청했다. 이미 인터뷰도 많이 해봤고 시험이나 대회에서 1등을 자주 했기에 인생을 잘 살아낸 건 맞는데, 막상 돌아보니 비슷한 레퍼토리의 인터뷰 같은 글은 쓰고 싶지 않다고 했다. 그럼 지금 가장 원하는 건 무어냐고 물었는데 세상을 구하는 일을 하고 싶다고 했다.

"꿈이 추상적으로 바뀐 거네요?"

그녀는 발끈했다.

"추상적이라뇨? 제가 못 할 것 같아요?"
"아니요. 왜요? 꿈이 추상적인 게 어때서요?"

천천하게 웃으면서 말하는 나에게 그녀는 약간 흥분을 가라앉히고는 들었다.

"추상적이라는 건 명확하게 정해진 게 없으니까 뭐든지 할 수 있다는 거잖아요. 어떤 일이 주어지든, 그만큼 자신감 있고 뭐든 할 수 있다는 말 아닐까요?"

그제야 그녀는 웃었다.

좋은 질문은 사람을 돌아보게 한다. 아무도 해주지 않는 질문, 살면서 꼭 받아야 할 질문이 있다. 평소 하지 못했던 생각을 할 수 있게 해준 질문이라면, 삶의 의미를 다시 고민하게 하는 질문이라면 겸허히 받아들이고 깊이 생각해봐야 한다. 우리는 성장과 꿈, 직업, 미래에 너무 많은 의미를 담아 뒤섞인 삶을 살고 있다. 꿈을 말할 때 보통 직업으로 말을 한다. 미래와 성과는 구체적이어야 한다고 배웠고, 구체적으로 말하려다 보니 정확하게 돈을 벌 수 있는 방법적으로 말하게 되지 않았을까. 새삼 이렇게 돈이 중요해졌다 싶다.

어떤 직업을 갖고 어떤 일을 해서 어떻게 돈을 벌겠다고 말하면서 그 돈을 어떤 마음가짐으로 어떻게 쓸 것인지는 묻지 않는다. 돈을 버는 것보다 쓰면서 삶의 의미와 가치를 만들 텐데 우리의 질문은 언제나 어떻게, 얼마나 많은 돈을 벌 건지까지였다. 평생 사랑하는 사람, 행복한 사람, 재미있게 사는 사람처럼 추상적인 사람 말고 구체적이고 자세히 어떻게, 얼마나 돈을 번은 사람이 되고자 철저하게 계획해야 제대로 된 미래와 꿈이 있는 거라고 했다. 어쩌면 돈으로 많은 것들을 해결할 수 있는 세상이 온 건 당연한지도 모르겠다.

사람들은 말을 잘하는 법, 글 잘 쓰는 법을 배우고 싶은 구체적으로 자신을 표현하고 싶다고 한다. 자신의 마음과 생각을 잘 모를 때 구체적으로 말하고 싶고 구체적으로 쓰고 싶다고 한다. 나 자신을 잘 모르겠는데 나에 대한 구체적인 글을 쓰고 싶다는 말은 말의 앞뒤가 맞지 않다. 나 자신을 잘 모르는 사람은 나에 대한 추상적인 글을 쓰게 된다. 그리고 말하고 쓰고 고치는 과정을 성실하게 반복해야 천천히 추상적인 나의 모습이 구체적인 나로 변해간다. 추상적인 나 자신을 먼저 써보는 게 시작이다. 글을 고치고 돌아보는 시간을 거쳐야 비로소 글에 적힌 나의 모습과 그 과정을 해내고 있는 나의 태도가 드러난다. 나에 대해 구체적인 질문을 할 수 있을 때까지 나 자신에게 좋은 질문을 하자.

## 농담하면서 살아요, 우리

삶은 비극적이라고 한다. 많은 사람들이 그렇게 말한다. 많은 사람들이 말했으니 민주적이게도 그 말에 힘이 실린다. 사회는 문제에 집중하고 문제가 있다고 말해야 관심을 받고 지원받을 수 있다. 적당히 자신의 삶을 착실히 살아내고 있는 사람들은 소외되면서, 지원받는 사람은 사회적 약자로 낙인찍힌다. 어디든 속해야 어떻게든 존재감은 드러내고 살아낼 수 있는 현실에서 도대체 어떻게 해야 할까.

시트콤보다 다큐처럼 살고 싶다. 웃음보다 깨달음이 있었으면 좋겠다. 삶에 진중한 태도를 보이며 조심스럽게 살고 싶었다. 그 누구도 나를 오해하지 않게, 세상을 이해하면서 살 수 있을 줄 알았다. 세상의 중심이든 나의 중심이든, 어쨌든 삶의 중심은 나인 줄 알았으니까. 그게 나 자신과 삶에 대한 예의이지 않을까. 진지하게 살면 적어도 삶의 의미, 나의 가치 같은 철학적인 고민은 따로 하지 않아도 될까 생각했다. 매일 진지하게 살면 나중에 나이 들어 저절로 깨달을 수 있겠지. 디딤돌 같은 연륜, 삶의 지혜가 남아 사는 데는 도사가 될 줄 알았다. 지금까지 이렇게 글을 쓰고 말을 하며 살아도 나는 산속의 도사가 아니라 그저 지금의 나로 살아갈 뿐이다.

무엇이든 하나하나 처음부터 준비하고 갑자기 좋아지는 걸 감당하지 못하는 나는 삶의 철학도 진지한 재미다. 나란 사람은 태생이 진지하고 생각이 많다. 웃으며 살고 싶지만 웃기게 살기보다는 좀 복잡하고 섬세하고 살고 싶었다. 결혼도 그런 사람과 할 줄 알았다. 내가 그런 사람을 선택한 줄 알았다. 이상형이라면 영국 신사다운 똑똑한 사람이 좋았다. 자존심 강하고 지킬 줄 아는 사람, 바깥에서 열심히 일하고 집으로 돌아와 정치, 경제, 문화에 대해 낮은 목소리로 토론하고 현명한 결과를 도출하는 대화를 하며 살고 싶었다. 그런데 짝꿍을 만난 거다. 집에 돌아오면 바로 팬티 바람이 되고 내가 회사에서 잘리고 와도 게임을 하면서 뒤통수로 '졸라 좋겠다'고 말하는 남자와 함께 살고 있다. 연애할 때만 해도 고등학생은 된다 싶어서 결혼하면 어른이 된다고 하니까 대학생쯤 되지 않을까. 함께 어른이 되는 방법을 배우면서 좋은 어른이 되지 않을까 하는 믿음으로 결혼했는데, 고등학생 같던 이 남자는 결혼 후 바로 중딩이 되었고 3년쯤 후에 초딩으로 강등했다. 혹시 내가 이렇게 만든 건가 하는 묘한 죄책감도 들었다.

7년 정도 지난 지금은, 참 희한하게도 이런 초딩이 그렇게 기특하고 마음이 편할 수가 없다. 세월이 흘러가면서 초딩의 배가 나오기 시작했고 눈가에 주름이 생겼으며 이틀 밤을 새도 거뜬했던 몸은 이젠 하루만 야간 근무를 하고 오면 다음 날 낯빛이 다르다. 초딩과 함께 살면서 내가 믿었던 사랑의 정의도 많이 바뀌었다. 표현하고 열정적으로 서로를 변화시켜 함께 성장하고 발전하는 게 사랑이라 믿었던 나는, 조용히 옆에 있어주고 물러나주는 마음, 있는 그대로 받아들여 주는 게 사랑이라 믿게 되었다. 가만히 있어주기만 해도 곁에 있는 사람은 스스로 성장하고 자신만의 속도로 나아간다. 서로에게 서로는 편안함으로 변했고 다행히도 글을 쓰게 되었고 침착한 일상의 대화로 그 변화를 알아차렸다. 조용하고 작은 변화가 좋아 가볍게 살자고 말한다. 결국은 내가 바뀌었다.

의사소통을 차치하고 사람은 불안하면 말을 한다. 나를 포장하기 위해, 흔들리는 현실을 대변하기 위해, 자신의 콤플렉스를 들키지 않기 위해 더 강한 말을 선택하여 자신을 지킨다. 순간의 강함을 위해서 말을 한다. 하지만 오히려 이럴 때는 강한 말이 아닌 약하고 부드러운 말이 필요하다. 내가 하는 부드러운 말을 들으며 위로하고 앞으로 의지력을 키워야 한다. 칼을 꼭 칼로 이길 필요는 없다. 침착하게 그 칼을 들고 있는 사람의 성향과 칼을 든 이유를 생각해봐야 한다.

농담하고 그 농담을 알아차려 주고 심지어 그게 농담임을 알고 받아주는 사람이 있으면 우리는 주어진 일을 할 수 있는 용기가 생긴다. 농담하면서 한번 웃으면 그 웃음으로 하루의 기분이 결정될 수도 있다. 내가 하는 말이 농담인지, 진담인지 바로 알아차려주는 사람이 얼마나 될까. 지금 하는 말이 화가 나서 홧김에 하는 말인지, 진지하고 간절하게 하는 말인지, 진심으로 참고 인내하고 하는 말인지 알아차려주는 사람이 있으면 제법 잘살고 있는 거다. 농담으로 삶의 긴장도로 낮추고 나의 농담과 있는 그대로의 나를 알아차려주는 사람에게 잘하기로 하자,

내 인생과 진지하게 대면하기 위해서는 우리는 잘 쉬어야 하고 또 잘 쉬려면 잘 농담해야 한다. 출근하면서 말하는 '반갑습니다, 좋은 아침입니다.' 같은 비록 진심은 아니더라도 가벼운 농담. 이 가벼운 농담으로 나의 이미지는 제법 친절하고 다정한 사람이 될 수 있다. 내가 하는 말이 농담인지, 진담인지 알아듣는 사람에게 잘하면서 살기로 하자. 우리.

# 2

# 잘 쓰지 않아도 글빨 납니다

✤

사람들이 잘 모르는 게 있다. 말하기보다 글쓰기가 더 쉽다. '무슨 소리야? 말도 안 돼.' 하는 사람이 많겠지만 말을 잘하는 것보다 글을 잘 쓰는 게 정말 훨씬 더 쉽다. 일상에서 대화하다가 말문이 막혔을 때, 많은 사람 앞에서 강연해야 할 때 막막함을 느끼고 식은땀이 난다. 글은 제대로 써지지 않으면 노트북을 닫으면 바로 해결이 된다. 일단 말은 하면 끝이다. 말은 주워 담는 게 없다. 노트북을 덮는 것처럼 '그만'이 불가능하다. 말은 상대방, 즉 듣는 사람을 앞에 두고 하기에 즉각적 반응과 책임감이 요구되고 말만 하면 되는 게 아니라 상황과 분위기, 상대방의 기분을 파악하고 말에 반영시켜야 한다. 듣는 사람이 눈앞에서 내가 한 말을 바로 흡수하고 감정을 느끼기 때문에 주워 담을 수 없다. 그래서 멀쩡하게 사회생활을 하면서 타인과 함께 살아가려면 하고 싶은 말을 잘 골라 나의 의사를 전달하고, 좋은 태도로 배려하면서 말은 꼭 '잘'해야 한다.

글은 다르다. 글은 써놓고 다시 고치고 고치고 고칠 수 있다. 다 써놓고 보여주지 않으면 그뿐이다. 아무도 모른다. 화나고 욕하고 싶을 때 글로 써서 서랍 속에 넣어두라는 조언도 있다. 글을 쓰는데 오타가 나면 지우면 되고, 글을 쓰면서 낸 오타는 아무도 듣지 못한 혼잣말처럼 쉽게 지울 수 있다. 단어가 잘 생각나지 않으면 물어보고 쓰면 된다. 문맥이 안 맞고 문법이 틀려도 일단 적어놓고 다시 매끄러운 문장으로 고치면 된다. 글을 고칠수록 더 매끄러운 문장이 된다. 일상에서 이런저런 이유로 못 다한 말을 단어와 문장으로 핸드폰에 메모해둔다. 메모에는 어떤 형식도 제약도 없다. 다른 사람의 글, 작가의 글이 잘 쓴 글처럼 느껴지는 것도 잘 고쳐지고 잘 다듬어진 글이기 때문이다. 글을 쓰고 고칠 때의 노고를 읽는 사람은 편안함으로 느끼고 잘 쓴 글이라 기억한다.

나는 외출할 때마다 노트북을 챙기는 편인데, 혼자 카페를 가거나 시간이 날 때 평소에 메모해 둔 단어와 문장을 문서로 옮겨 적는다. 신기하게도 몇 개의 단어에서 다양한 이야기가 나와서 한 편의 글이 된다. 잘 써지는 날, 잘 안 써지는 날이 비슷한 확률로 있다. 쓴 글이 마음에 들고 들지 않고도 비슷한 확률일 거다. 확률은 언제나 반반이니까. 기분과 컨디션과 상관이 있는 날도 없는 날도 있다.

평소에 생각 없이 내뱉었던 문장을 찬찬히 적어 내려가면 진짜 하고 싶었던 말, 그 행동의 이유, 그 다음의 생각이 떠오른다. 그땐 몰랐던 배움의 문장이 나타난다. 스스로 글을 써보면 글쓰기가 어렵지 않냐, 글을 어떻게 쓰냐, 어떻게 글을 잘 쓸 수 있냐는 질문은 굳이 필요 없게 된다. 글쓰기가 어렵지 않느냐는 질문을 하는 이유는 스스로 다짐하고 써보지 않아서일 것이다. 글은 머릿속에 한 생각을 놓치지만 않아도 좋은 문장은 자연스럽게 나온다.

글은 쓰면서 다듬으면 더 좋아지기 마련이다. 심지어 그런 시간에는 쓰고 있는 나 자신이 똑똑해지는 느낌도 든다. 실제로 그럴 거다. 처음 정해두었던 주제문보다 더 의미 있는 문장을 적어내고 깨달을 때만큼 행복한 때도 없다. 시간과 노력, 인내심이 필요하지만 나 스스로 배움을 방향을 찾아가며 만들어 가는 길이 글쓰기이다. 맞춤법과 띄어쓰기 정도야 그때그때 검색이 가능하니 아무런 문제가 되지 않는다. 쓰는 동안 틀린 건 그냥 넘어가도 된다. 다음에 고치면 되니까.

살면서 틀린 걸 그냥 넘어가도 된다는 걸 글을 쓰면서 알게 되고 출간을 통해 배웠다. 잘못된 문법은 편집자님이 친절하게 짚어주시고 고쳐주신다. 오타도 내지 않고 문법과 맞춤법도 완벽히 맞춰서 처음 혹은 마지막 문장에 멋있는 주제를 한 번에 적어낼 수 있으면 참 좋겠지만 그러지 못해도 상관없다. 노력의 흔적은 고스란히 글에 담기고 조금씩 좋아지는 문장을 보면서 삶도 하나씩, 하나씩 순서대로 해나가면 언젠가는 좋아질 수 있음을 깨닫게 된다. 지금이 그 과정 중의 어디 즈음임을 인식하면 존재의 가치가 생긴다. 스스로 깨달을 수 있을 땐 굳이 더 배울 필요가 없지 않을까.

똑같은 분량의 비슷한 글 같아도 진중한 퇴고를 거친 문장은 읽어보면 그 깊이를 바로 느낄 수 있다. 글은 지금 당장 잘못 쓴다고 어떻게 되지 않는다. 즉, 시간을 벌 수 있다. 글은 천천히 생각하고 느리게 적어 내려가도 괜찮다. 마치 말에서 '잠시만요.'라고 말하고 생각할 시간을 버는 것처럼 글에는 많은 시간과 생각을 담을 수 있다. 그렇게 글을 쓰는 데 익숙해지면 생각을 가다듬는 방법을 스스로 자연스럽게 깨우치게 된다.

학교를 졸업하고 나서부터는 배움에서 나이와 장소는 그리 중요하지 않다. 학교에서 선생님에게 배우지 않는다. 나보다 어린 사람에게도 배우고 스스로 생각하면서도 배운다. 과거의 나에게도 미래의 나를 준비하면서도 배운다. 일방적으로 가르치고 배우고, 잘 가르치고 잘 배우는 시간보다 자연스러운 깨우침이 나는 좋다. 가르치는 사람이 없어도 배울 수 있다. 깨우치고 교훈을 남길 수 있다. 혼자 글을 쓰다 보면 스스로 알아차리며, 깊은 생각을 할 수 있는 방법이 글쓰기다. 글을 쓰면 생각이 정리되고 자연스럽게 말도 잘하게 된다.

## 글 쓰기 시작해서 출간에 도전!

혼자 영화를 보고 혼자 여행을 가고 혼자 밥을 먹고, 뭐든 혼자서 잘해야 하는 세상이다. 이런 사회적 분위기에서 글쓰기는 정말 혼자서 하기 좋다. 바디프로필이 한창 유행할 때가 있었다. 열정을 쏟아 운동을 하고 가장 예쁜 몸을 만들어 사진으로 찍고 삶의 의미를 되새긴다고 했다. 목표가 있는 삶에는 생기가 생긴다. 하지만 막상 몸을 완성하고 바디프로필 사진을 찍으면 삶의 허무함이 몰려온다고 한다. 참아왔던 식욕이 폭발하고 목표를 잃어 방황하게 된다고. 나는 이럴 때 멘탈프로필로 글쓰기를 제안한다. 몸을 만들려 노력하는 모습을 글로 잘 써서 보존한다면 바디프로필에 더 근사한 가치를 불어 넣을 수 있으며 몸과 마음이 함께 건강해질 수 있다. 글쓰기는 돈도 들지 않고 편하고 언제든지 쉽게, 우아하게 시작할 수 있는 취미 생활이자 자기 계발이다. 심지어 부작용도 없다.

워라밸이 중요해지면서 사람들은 일과 삶의 밸런스를 중요하게 여긴다. 좋은 대학의 졸업을 앞둔 친구에게 연봉 1억에 근무시간이 긴 회사와 연봉 5천에 워라밸이 좋은 회사 중 어디를 가고 싶냐고 물었을 때 고민 없이 후자를 선택해서 적지 않게 놀란 적이 있다. 치솟는 물가와 집값에 돈이 많은 것들을 해결해줄 거라는 생각, 어쨌든 돈을 좇을 거라는 편견이 나에게도 있었나 보다.

취미 생활을 시작할 때 철저하게 모든 것을 준비하고 시작하는 사람이 있다. 등산을 시작하려면 등산복과 등산과 관련된 모든 장비를 준비하고 낚시를 시작하려고 장비를 알아보는 데만 한 달이 넘게 걸린단다. 그러다 진짜 즐거움까지 도달하기 전에 준비하는데 진이 빠져버릴지도 모른다. 글쓰기는 그런 준비가 전혀 필요 없다. 누구나 말을 할 수 있고 어떤 방식으로든 생각을 표현하면서 산다. 그 표현을 잘하고 잘못하고는 문제가 아니다. 그 표현이 사회에서 잘 먹혔는지 그렇지 않은지의 문제도 아니다. 오히려 그동안 구체적으로 표현하지 못하고 살아서 답답함을 느끼고 있었다면 더 좋다. 다 좋은 글감이 되어 준다. 답답한 마음과 구체적으로 표현할 수 없었던 애매함을 글로 표현하면 된다.

서론, 본론, 결론을 나누어 체계적인 글, 설명인지 설득인지 확실한 글, 소설인지 에세이인지 보면 금방 구분할 수 있는 글, 이런 형식적으로 체계가 있는 글이 잘 쓴 글이라 생각할지도 모르겠지만 실제로 글을 읽어보면 담담하게 꾹꾹 눌러 담은 글, 아이의 천진난만함이 담긴 짧은 문장, 솔직하고 순수한 마음이 담긴 삐뚤빼뚤한 글씨, 표현에 서툰 사람이 쓴 평범한 글에 더 감동을 받는다. 사랑을 시작할 때 슬픈 노래 가사가 제대로 들릴 리가 없다. 사람은 누구나 자신의 상황에 맞는 글이 공감되고 감동을 받는다. 요즘 나는 손글씨로 자신의 이름을 쓴 세 글자를 보면 무한한 감동이 밀려온다. 같은 이름은 있어도 같은 뜻을 가진, 같은 글씨체로 쓴 같은 이름은 없다, 그건 같은 사람이라는 뜻이다. 흔해서 미웠던 내 이름도 손글씨가 더해지면 세상 유일한 이름이 된다. 엄마의 글씨체로 쓴 엄마의 이름을 보면 울컥 눈물이 고인다. 엄마는 자신의 이름을 쓰며 어떤 생각을 했을까 해서.

글을 쓰는 건 글이라는 형태를 만들어내는 게 목적이 아니라 글의 내용과 담긴 사연, 진심이 더 중요하다. 글을 쓰면서 마주한 내면을 돌아보고 재구성하면서 나에 대해 알아가기 위해서 쓰고 또 고치고 또 쓴다. 누구나 글을 쓸 수 있고 글을 통해 내적 정리와 성장을 이룰 수 있다. 직접 경험해본 경험치가 있기에 나는 장담할 수도 있다.

출간은 얘기가 달라진다. 단순히 글을 쓰는 것과 출간을 하는 건 엄청난 차이가 있다. 글쓰기는 단순한 시작이라면 출간은 도전을 의미한다.

편안한 마음으로 글을 쓰는 것과 출간을 하고 불특정 다수에게 나의 메시지를 전하는 건 완전히 다른 이야기이다. 글을 쓰는 건 오롯이 나를 위한 일이지만 출간은 한 출판사와 정식으로 계약서를 작성하여 업무 계약을 하고 타인에게 돈을 받고 글을 파는 행위이다. 출간 계약을 하고 책이 나올 때까지, 홍보까지 하는 출판사 직원이 되는 것이다. 글을 쓰는 게 나에게로 몰입의 기쁨이라면 출간은 상상도 하지 못할 저자의 노고, 계약의 대가이며 독자의 기대에 응하는 자세가 필요하다. 마음을 돌아보기 위해 글을 쓰기 시작하는 사람에게 출판사 직원의 생계를 책임지라는 말이 얼마나 부담스러운가. 글을 쓰고 생각을 정리하고 나를 돌아보기 위해서 글을 쓰고자 했던 사람이 출간의 고된 과정을 미리 알지 않았으면 좋겠다.

다만 편안하게 글을 쓰고, 글을 다듬고 고치며 나의 글을 자랑스럽게 말할 수 있고 글에 제법 확신이 생겼을 때, 그때 출간을 하고자 마음을 먹는다면 달라진다. 내 글에 애정이 생겨야 출간에 도전할 수 있다. 퇴고의 인고를 견딜 수 있다. 세상에 공짜는 없고 운으로 모든 것이 해결될 수는 없는데 글쓰기는 더욱 그렇다. 노력하고 애정을 쏟은 만큼 좋은 글이 된다. 어제, 오늘, 내일의 생각은 달라지기에 다양한 생각을 담아 글을 쓰고 고칠 수 있다. 어제 써두었던 글을 오늘 보면 새롭고 고쳐 쓰고 싶은 문장이 떠오르고 내일 다시 보면 또 다른 문장이 떠오를 것이다. 글을 쓰다 보면 '내 머릿속에 정말 많은 생각이 있구나, 새로운 문장을 꺼내는 나는 어쩌면 내가 알고 있는 것보다 훨씬 똑똑하구나.'라고 느낄 수 있다. 내가 살아 있다고 느낄 수 있는 중요한 순간이 된다.

어떤 주제를 정하고 맞춰서 쓰기보다 사건 하나, 감정 하나를 생각하고 생각나는 대로 적어보는 게 좋다. 시간적 순서대로, 중요한 일 순서대로, 감정을 먼저 쓰든 사건을 먼저 쓰든 어떤 방법이든 상관없다. 글의 주제는 쓰면 쓸수록 성숙함에 도달하기에 보통은 가장 마지막에 결정된다. 책의 제목도 원고가 마무리되고 나서 결정되는 경우가 많다. 의미가 비어 있는 글은 다른 의미로 독자가 채워준다. 글을 쓰는 시간은 그 시간에 의미가 생기고 가치가 생긴다. 시간을 의미 있게, 가치 있게 보낸 자체로 충분한 기쁨이고 성장이다. 고치고 고친 만큼 글을 쓰면서 울고 웃었던 시간이 쌓여 글에는 애정이 묻어난다.

글쓰기는 시간적, 공간적 구애를 받지 않는다. 요즘은 조용한 카페나 노트북 작업을 할 수 있는 공간이 많다. 내 방도 정리 정돈을 해놓으면 얼마든지 좋은 글쓰기 공간이 된다. 집에서는 유달리 집중하지 못한다는 사람들도 많다. 도서관을 가거나 카페로 나가야 공부하는 마음이 다 잡힌다면 집에서는 메모한다는 마음으로 적당히 쓰면 된다. 나중에 제대로 마음먹고 글을 쓰고 싶을 때, 막쓰기가 되어 있는 글과 하얀 한글 파일에 아무 단어도 문장도 없는 글은 시작이 완전히 다르다. 그날 할 수 있는 완성도에서도 엄청난 차이가 난다. 출발점이 완전히 다르다는 뜻이다.

오전에 산책하고 오후에 글을 쓰면 몸도 마음도 산책하는 하루를 완성할 수 있다. 지금 당장 시작할 수 있는 마음 산책으로 글을 써보는 건 어떨까.

## 소설 줄거리는 중요하지 않다

소설을 출간하고 인터뷰에서 "소설은 어떤 내용인가요? 줄거리가 어떻게 되죠?" 하는 질문을 받았다. 분명 내가 쓴 이야기이고 글의 구석구석까지 누구보다 잘 알고 있지만 참 대답하기 힘들었다. 소설을 말할 때 보통 줄거리로 말한다. 어떤 내용이고 어떤 사건이 일어나고 결말은 어떻게 되는지. 흥미를 위해 중요한 내용은 특히 결말은 말하지 않는 게 예의가 되었다. 글의 줄거리는 뼈대, 가장 기본이 글의 내용이다. 독자는 소설의 줄거리를 이야기하면서 '재미있다' 혹은 '재미없다'고 표현하는데 그 '재미'의 의미는 독자마다 다 다를 것이다. 소설이 전체적으로 이야기의 방향이 나의 성향과 맞았는지, 어떤 장면이 특별히 기억에 남았는지, 추억을 떠올리게 했는지, 중요한 이슈를 생각해볼 수 있게 했는지, 어떤 등장인물이 매력적이었는지 다 다르게 느끼고 다르게 표현한다. 이 중 한

두 가지 정도 얻었다면 독자들은 재미있다는 짧은 단어로 표현한다.

소설을 쓰면 A4용지 100장 이상 분량이 나오는데 몇 줄의 짧고 간결한 문장으로 줄거리만 표현하기에 아쉽고 부족하다. 독자는 똑똑해졌고 모든 반전이 이야기로 만들어져서 상상도 못 할 반전은 불가능하다는데, 그렇다면 특별하고 대단한 이 소설만의 줄거리도 불가능하지 않을까. 비슷한 이야기라면 굳이 소설이 되어야 하나. 특히 소설을 끝냈을 직후에는 소설의 의도, 줄거리, 등장인물보다는 맞춤법, 띄어쓰기, 주어나 조사가 적절한지 면밀하게 검토한 직후이다. 하얀 종이에 찍힌 검은 글씨를 보면서 지금도 헷갈리는 마침표와 쉼표를 구분하고 밤새도록 눈 빠지는 문법 수정 작업을 하다가 갑자기 우아하게 소설의 줄거리를 말하는 건 쉽지 않더라.

너무 많은 소설이 출간되고 너무 많은 영화가 개봉되어 세상에서 가능한 이야기는 전부 세상에 나왔는지도 모르겠다. 영화는 화면이 잔인해지고 화려해지느라 이야기는 메말라가는 게 아닌가. 같은 이야기를 다양하게 생각할 수 있도록 만들어야 할 작가로서 염려될 때도 있다. 이야기를 쓰는 지은이로서 한 장면에만 나오는 인물도 정말 소중하다. 소중하지 않았다면 소설에서 그 한 장면은 없었을 거다. 작가는 소설의 줄거리뿐 아니라 보여주고 싶은 게 훨씬 더 많은데 그런 의미에서 줄거리는 줄거리 그 이상도 이하도 아니게 된다. 줄거리는 대여섯 문장 정도의 간결하면서도 소설의 흐름을 파악할 수 있는 문장일 뿐, 지은이로서 유독 쓰는 데 어려웠던 사건과 상황, 표현, 숨겨 놓은 의미가 더 많다. 그 의미를 얼마나 들킬지 혹은 들키지 않을지도, 들키지 않으려면 어떻게 꽁꽁 숨겨 두어야 할지 고민하면서 써 내려간다. 나도 소설을 쓰기 어려웠던 상황, 잘 안 써지던 문장, 묘사하기 어려운 성격, 반전 가능성 등으로 이야기를 기억한다.

소설을 쓰면서 줄거리는 중심을 잡기 위해 이미 만들어져 있었고 기획 의도는 가장 처음에 기획 의도로 적은 문장은 기억나지만 그 의도가 정확히 다시 생각나지 않을 때쯤 소설이 마무리 되었다. 기획 의도는 기획을 할 때의 의도였지, 막상 이야기를 써 내려갈 때는 의도보다 이야기를 이끌어 감에 중점을 둔다. 막상 작가는 원래 생각했던 의도보다 더 깊고 심오한 의도를 생각하고 있을 수도 있고 다른 이야기를 만드느라 아무 생각도 없을지도 모르겠다. 쓰는 사람은 읽는 사람에게 그 어떤 강요도 할 수 없으니까. 100장이 넘는 원고를 오가다 보면 소설을 마무리할 때쯤 줄거리는 별 의미가 없다.

어떤 이야기든 독자는 스스로 줄거리를 만들고 기억할 것이다. 같은 글을 읽어도 독자마다 다르게 말하는 줄거리에 틀린 건 없다. 등장인물에 대한 평가도 다르다. 아마 자신이 만났던 사람과 관계와 상처의 기억에 따라 다 다르게 평가할 거다. 책을 잘 읽고 잘 읽지 못하는 독서의 능력과는 아무 상관없으며 누가 제일 잘 읽었다고 말할 필요가 없다. 소설에서 찾은 의미로 자신에 맞게 줄거리를 만들고 시간이 지나면 잊는다. 잊힌 이야기도 다른 형태로 변형시켜 삶에 스며들고 생각과 행동, 삶의 태도를 변화시킨다. 소설을 읽고 머릿속에 이야기와 어떤 장면, 주인공에 대한 느낌과 감동이 남았다면 충분하다. 주인공의 이름이라도 기억해 주면 작가로서 영광스럽습니다.

막상 소설을 써보니 글과 영화를 보면서 줄거리로 요약한다는 건 굳이 하지 않아도 되는 일 아닌가 싶다. 줄거리로 소설이 기억되길 바라지 않는다. 그 장면이 좋고, 그 문장이 좋고, 주인공을 이해하며 나를 돌아보는 게 우리가 문학을 읽고 영화를 보는 이유일 텐데 굳이 내용을 전부 알고 기억해야 하나 싶다. 이야기를 읽고 만든 근사한 상상력과 감동을 몇 줄의 짧고 쉬운 문장으로 줄여 표현하지 않았으면 좋겠다.

여전히 나를 소설가라고, 소설을 쓰는 사람이라고 당당하게 말하지 못하지만 나만의 쓰는 노하우가 있다. 굳이 글을 잘 쓰는 법, 편하게 쓰는 법, 주목하게 쓸 수 있는 법, 조회 수가 높은 글을 쓰는 법. 혹은 쉽게 쓰는 법을 찾아보고 공부하진 않는다. 찾아보고 공부하지 않는 게 방법이다. 무엇이든 알아보고 책을 뒤져 공부하는 걸 좋아하는 편인데 글쓰기는 그러지 않는다.

어떤 정보를 받아들일 때 나의 기준으로 옳고 그름이 판단되고, 어떻게 하라는 방법적인 지시를 무시할 수 있어야 삶에 응용이 가능하다. 자기계발서를 읽고 책에서 시키는 대로 하는 게 아니라 나에게 맞는 방법으로 응용할 줄 알아야 비로소 제대로 읽었다고 말할 수 있다. 무조건적으로 믿지 않아야, 일방적으로 받아들이지 않아야 창의적인 생각을 할 수 있다. 책을 읽으면서 속으로는 '이건 아닌데? 이 정도는 나도 아는데?' 하는 생각을 하는 게 정말 책을 잘 읽고 있는 거다. 완벽하게 만족하지 않는 독서가 쌓이면서 성장하게 된다.

편하게 쓰면 편하게 받아들일 수 있는 글이 나온다고 믿는다. 여유를 가지고 친절하게 아이에게 말해주듯이 글을 쓰면 쉽고 친근한 글이 된다. 기쁠 때는 기쁜 글을 쓰고, 슬플 땐 슬픈 글을 쓴다. 마음이 정말 슬플 때 희망을 줄 수 있는 글을 멋지게 적어낼 기술 같은 건 없다. 기쁜데 슬픈 글을 쓰고, 슬플 때 기쁜 글을 써야 하는 극복하는 글쓰기는 하지 말길. 괜찮지 않은데 괜찮다고, 모르는데 안다고 쓸 필요는 없다.

소설을 쓰고 싶은데 어떻게 시작해야 할지 모르겠다는 사람에게는 일단 대단하다고 말해준다. 어떻게 시작해야 할지 모르겠는데 소설이 쓰고 싶은 마음은 아무나 가질 수 있는 게 아니다. 포기하고 싶어서 그만두는 게 아니라 포기할 수 없는데 어떻게 해야 하지? 하는 생각은 진정으로 간절한 사람만 할 수 있다. 그 간절함이 얼마나 대단한 능력인지는 일이 진행되면서 스스로 보여준다.

가장 좋아하고 가장 잘 아는 것에 대해서 A4용지 두 장 정도를 채운다. 어떤 내용도 상관없다. 아무거나가 어려운 사람은 나에 대해서, 나의 하루를 쓰면 된다. 문법도 중요하지 않고 정말 아무것이나 쓰면 된다. 보통 나의 어제와 오늘을 쓰라고 한다. 아침에 눈을 뜨고 뭘 먹었는지, 그런 평범한 이야기가 좋다. 누구나 알 수 있고 특별한 설명이 없어도 되니까. 갑자기 사람이 없어져도 되고 말이 안 되도 된다. 예를 들어, 테이블이 있고 테이블에 꽃이 꽂혀 있고 그 옆에 사람이 있다는 문장을 적었다면 테이블은 변하지 않고 꽃은 시들고 사람은 변한다. 테이블은 언제든 그 자리를 지켜주고 꽃은 물을 갈아주거나 보살핌이 필요하고 사람은 적절하게 대해야 한다. 그 대상에 따른 대응을 생각해보고 각 대상의 색깔을 정해본다. 테이블의 색깔, 꽃의 색깔, 사람의 색깔. 그 색깔이 다 어울리는지 적어본다. 사람의 색깔이 떠오르지 않으면 성향, 성격으로 변형시켜도 좋다. 주변을 둘러보면 모두 아는 물건들이다. 그 물건을 관찰하고 써보면 된다.

사랑하는 연인들의 이야기를 쓰다가 막히면 동거를 시키고 또 막히면 결혼을 시키고 또 막히면 이혼을 시킨 이야기를 적는다. 연애, 동거, 결혼, 이혼에 대한 사전 조사를 하며 글을 쓰고 다듬는다. 이혼까지 간접 경험을 하고 다시 처음으로 돌아와 사랑하는 연인들의 이야기를 다듬을 땐 더 많은 사랑을 아우를 수 있는 이야기로 쓸 수 있다. 확실히 사랑에 성숙해진 나를 발견할 수 있다.

너무 유치할까 생각할 필요는 전혀 없다. 유치한 글도 충분히 매력 있다. 생각을 물고 적어가다가 이상하다 싶은 문장은 지우면 된다. 최대한 상상해보자. 의외로 글쓰기보다 상상이 더 어렵다는 것을 깨닫게 된다. 현실에 안주하고 매달려서 살면 글에 상상력을 불어 넣는 게 쉬운 일은 아니다. 상상할 수 없음은 현실을 쳐내기도 버거워하고 있음을 방증한다. 이럴 땐 현실에서 나를 죄고 있는 것들을 짚어보길. 현실을 직시하는 게 먼저다.

이야기를 상상하며 쓸수록 점점 시간과 공간을 묘사하며 이야기를 만들어가는 능력을 연습할 수 있다. 글로 무엇을 하든 시공간을 초월하고 건물을 지어도 아무리 맛있는 음식을 먹어도 돈이 들지 않는다. 현실과 글의 다른 점, 현실을 초월한 이점이다. 세상을 지배할 수도 갑자기 100억 부자가 되어도 된다. 물론 읽는 사람이 공감할 수 있어야 하겠지만 그건 최종 퇴고할 때 이야기를 만들면 된다. 섬세하게 표현하면 얼마든지 설득력을 가진다. 글을 쓰다 보면 묘하게 나의 성향이 글에 반영되어 있음을 깨닫게 된다. 나의 상상력으로 나만의 이야기와 문체가 만들어질 것이다.

글쓰기 수업에서 입사 면접에서 탈락하고 이력서를 다시 받아 나왔는데 갑자기 비가 내려서 그 비를 쫄딱 맞은 이야기를 쓴 글을 보며 함께 이야기 나눈 적이 있다. 글은 띄어쓰기나 문장 구분이 제대로 되지 않아 읽기만 해도 답답함이 느껴졌고 많은 감정이 응축되어 있었다. 가볍게 읽으면 쉽게 이해할 수 없고 차근차근 한 글자, 한 글자 읽어야 그나마 상황이 머릿속에 그려졌다. 잘 쓴 글과 못 쓴 글 중 선택해야 했다면 못 쓴 글이었다. 글을 보고 다른 참가자들은 읽기가 힘들었다, 무슨 말을 하는지 모르겠다, 산만하다, 이상하다고 했다. 각각 자신의 방식대로 어떻게 고쳤으면 좋겠는지 토론하고 마지막으로 내 의견을 물었다. 나는 그냥 글 쓴다고 고생했다고 말해주었다. 엔터를 몇 번 쳐서 문단을 구분해서 다시 읽어보고 싶다고, 다시 읽어보고 싶은 글이라고 했다.

글의 끝에서 면접 본 사회초년생은 비를 맞으면서 울었고 글에 대해서 말하던 그 참여자도 울었다. 그리고 이제는 후련하다고 말했다. 아마 지금 그 친구는 더 멋있고 맛있게 글빨 날리고 있지 않을까. 그 눈물까지가 글을 고치는 과정이다. 써놓았던 글을 고치는 것까지가 삶의 과정이다.

글 속에 담긴 줄거리와 내용이 전부는 아니다. 과거는 쓰면서 잘 보내줄 수 있고 잘 보내주면 더 멋있게 기억할 수 있다. 이야기와 줄거리는 계속 만들어지니까.

## 잘하는 것만 꾸준히

나는 글을 쓰면서 무한히 심플하게 산다. 할 수 있는 일을 하고 할 수 없는 일은 쉽게 포기한다. 삶을 내가 할 수 있는 일과 할 수 없는 일로 나누고 할 수 없는 건 과감하게 버린다. 할 수 없는 건 쳐다도 안 본다. 내 능력이 닿지 않는 세계는 어떤 모습인지 상상하지 않으면서 산다. 현실적인 상상이 좋다. 내가 만들어놓은 뭐든 할 수 있는 세계에서 잘 될 일만 디테일하게 즐기면서 산다. 물가가 오르면 시국을 탓하기보다는 아껴 써야겠다고 다짐하고 실제로 아끼면서 산다. 물가가 오르는 걸 조절할 능력이 나에게는 없다. 그저 내가 할 수 있는 선을 정하고 그 안에서 즐겁게 할 수 있는 걸 하며 할 수 없는 건 쳐다도 보지 않는다. 탓하는 시간을 줄이면 할 수 있는 게 늘어난다. 노력할 시간을 벌 수 있다. 다행히도 나는 재미를 찾을 줄 알고, '어떻게 해야 하지?'에 관심이 많다. 물론 할 수 있는 일에만 한해서.

도전은 어려운 사업이나 기록 경신에 맞서고 싸움을 거는 일이라는데 기록 경신에는 전혀 뜻이 없고 웬만큼 억울한 일에는 싸움을 걸지 않는다. 말싸움은 어차피 내가 이길 테니 상대에게 상처를 줄까 봐 하지 않고, 몸싸움은 잘 못하니까 질 것 뻔하니 안 한다. 이기는 게 목적이 되지 않기에 이기려 힘 빼지 않는다. 뻔하니까 굳이 시도하지 않고 안 될 일에 도전하지 않는다. 쉽게 포기할 수 있는 건 간절하게 원한 게 아니다는 사람들이 있는데, 그 말 또한 쉽게 인정한다. 간절함은 옳지 않을 때도 많다. 모든 일에 간절한 건 독이 될 수 있다. 간절함을 남발하는 건 진짜 간절한 사람에게 실례되는 일이다. 간절하다고 쉽게 말하지 않으며, 삶에서 꿈처럼 간절한 건 한두 가지면 충분하다.

간절함과 포기의 상관관계가 무조건 반비례하지 않는다. 의외로 원하는지 원하지 않는지, 진짜 원하는 게 뭔지도 모른 채 영어 스펙을 쌓기 위해서 NEED와 WANT의 차이점을 공부하는 사람들이 많다. 놓지 못해서 습관처럼 목매다 보면 실제로 원하는 일보다 갖지 못한 아쉬움에 매몰되어버릴 수도 있다. 하고 싶었던 일을 꾸준히 하니까 재미있고, 재미있으니 또 꾸준히 할 수 있다. 그러다 보면 잘하게 되고 잘하면 또 재미있어서 나만의 새로운 간절함을 만들 수 있다. 어떤 일이든지 굳이 실적을 위해서는 잘할 필요는 없다고 생각하는데 재미있기 위해서는 잘해야 한다. 재미있게 하는 방법에 잘하기도 포함되어 있다. 실패만 하는 일이 오랫동안 재미있을 수 없다. 어떤 면에서 가장 재미있는 일은 가장 잘하는 일이다. 놀이기구도 잘 타는 사람이 재밌고 여행도 오길 잘했다는 판단이 서야 만족감을 느낀다. 공부가 가장 쉬운 사람은 공부가 재미있다고 한다.

미래까지 생각하지 말고 지금을 즐기라는 말은 웬만한 멘탈로는 불가능하다. 내 인생이 아닌 남들에게 참견하는 어투로 하기에 쉽게 하는 말이다. 지금을 즐기는 사람들은 적당한 믿을 구석이 있다. 적어도 믿을 구석이 있어야 남과 비교하지 않고, 타인이 신경 쓰이더라도 금방 쉽게 털어낼 수 있다. 돌아갈 제자리가 있고 제자리로 돌아가면 되기에, 지금을 즐길 수 있는 거다. 다른 사람의 시선도 신경 쓰고 유행도 따라가다가 적당히 자기 자신에게 돌아올 수 있다. 지금을 즐기는 사람은 오로지 지금만 즐기고 있는 건 아니다.

글과 책을 좋아한다고 말하고 글을 쓰는 모습이 좋아 보인다는 말을 많이 듣는다. 작가가 되기 전에는 독서를 좋아하고 취미가 글쓰기라고 하면 세상 매력 없고 지루한 사람으로 평가되었는데 이거 하나는 기가 막히게 좋다. 나에 대한 평가는 달라졌을지 몰라도 나는, 그때의 나와 지금의 나는 비슷하다. 친구들이 뭘 좋아하든 내가 좋아하는 걸 하고 유행이 어떻든 내가 하고 싶은 걸 하고 아, 시험 기간에 남들이 공부할 때 안 했다. 그때는 4차원, 혹은 자세히 보면 이상하다는 말을 많이 들었는데,

내 입장에서 나는 그대로인데 시대가 변해서 요즘은 좋은 말을 들을 뿐이다. 이게 운이 좋은 건가. 유행은 어차피 돌고 돌기에 언젠가는 나에게 맞는 시절이 오는 건가.

특별히 대단하진 못해도 큰 기복 없이 좋아하는 일을 꾸준히 하고, 그 꾸준함만큼씩 나아지는 삶을 살고 있지 않나 한다. 내가 한 선택을 믿고 내가 선택한 사람을 믿기에 주변 사람들에게는 무조건 잘하려고 노력한다. 착한 마음의 힘을 나는 믿는다. 사람을 굳이 의심하지 않고 갈등을 최소화하기에 1년 365일 출간 준비 중이 가능하다. 그게 나라고 편안하게 말할 수 있는 내가 좋다.

아마 우리가 일상에서 글로만 대화를 한다면, 오로지 글로만 소통을 한다면 인간관계에서 크게 부딪히는 일은 없을 것이다. 갈등이 줄어들면 복잡하기만 했던 인간관계에 애쓰는 일이 줄어들고 그럼 사는 게 그리 어렵고 힘들지 않을지도 모른다.

물론 성격이 급한 사람은 많이 답답하겠지만.

## '나 화났어'를 써볼 것

사람들은 무의식중에 생각과 감정의 옳고 그름을 따진다. 생각과 이론, 말과 설명은 맞을 수도 틀릴 수도 있다. 하지만 감정은 틀린 게 없다. 감정을 알아차리지 못할 수는 있어도 일단 알아차린 감정에 옳고 그름은 없다. 그런데도 그렇게 화낼 일은 아닌데, 왜 눈물이 나와서는, 짜증을 좀 덜 냈어야 했다고 후회한다. 감정의 끝에 나타나는 묘한 죄책감이 그 감정의 끝에서 나 자신을 괴롭힌다. 그래서 그 감정이 일어난 이유는 망각한 채, 감정과 괴로움만 기억하고 다시 상처받는다. 감정은 언제 어디서든 자연스럽게 생겼다가 또 자연스럽게 없어지므로 옳고 그름을 따질 일이 아니다. 많이 화가 났다면 화가 날 만했고 속상했다면 속상할 만한 거다.

넘어진 아이에게 바로 '괜찮아'라고 주입시킬 게 아니라 아파서 울었다가 그칠 수 있게 도와야 하고 몸이 아플 때 심적 충격이 있다는 걸 알려 줘야 한다. 혼자서 일어날 수 있도록 격려해 줘야 한다. 몸과 마음과 연결된 감정을 자각하고 스스로 정리할 시간을 주어야 한다. 감정을 부정하는 습관은 어른이 되어서도 내가 언제 웃고, 언제 우는지를 잊어버리게 한다. 감정은 유연한 태도로 다독이고 그저 잘 보내주어야 하는데, 사람이 책임감과 의무감에 익숙해지면 좋으면 웃고, 슬프면 운다는 당연한 감정 공식도 잊고 살게 된다. 좋아하는 건 이유가 없는 건데 어떻게 그걸 잊고 살 수 있나 싶지만, 현실에 집중하여 의외로 잊고 사는 사람이 많다. 왜 세상엔 지나치게 감정적인 사람과 감정을 잊고 사는 사람으로 나눠져 있는지 적당한 감정선으로 사는 사람은 없는지 모르겠다. 그래서 보통의 적당한 사람이 만나기 힘든 건가. 그래서 평범하게 사는 게 힘든 건가. 어떻게 살면서 좋아하는 일만 하면서 사냐는 말에 적잖은 위로를 받는다.

무엇이 좋고 무엇이 싫은지를 제대로 인식하면서 살아야 나 자신을 제대로 지킬 수 있다. 감정은 잘 다루어 내고 부드럽게 표현하면서 순간을 잘 보내줄 수 있다. 상황을 잘 지나가기 위해서 나의 감정을 참고 희생시키는 사람이 많은데 이렇게 자신의 감정을 부정하면 언젠가는 역효과가 난다. '화를 내면 안 된다.'가 아니라 최고로 화가 났을 때는 잠시 눈을 감는다거나 눈물이 쏟아지면 상대의 양해를 구하고 슬픔을 보내주면서 잘 다스려야 한다. 감정은 감정적으로 대처할 게 아니라 감정을 잘 기억하고 적절한 태도를 위한 연습이 필요하다.

우리는 감정을 기억하고 글로 적어볼 수 있다. 글을 어떻게 써야 할지 어떻게 시작해야 할지 잘 모르겠다는 사람에게 '나 화났어.'를 적어보라고 권한다. '나'를 꼭 함께 쓰고 화가 난 순간과 화가 난 감정을 메모로 남기라 한다. 자세히 적지 않아도 된다. 그 상황을 기억할 수 있을 정도면 된다. 특정 단어로 그때의 감정을 고스란히 끌어 올 수 있다. 우리는 어떤 감정인지 잘 모를 때, 그 감정을 어떻게 대처해야 할지 모를 때 훨씬 더 감정적으로 대처한다. 어떤 일이 일어났을 때보다 어떤 일이 일어날지 모를 때 더 불안하고 겁이 나고, 오히려 상황과 정도를 알면 해결할 방법을 찾고 나도 몰랐던 힘을 발휘하고 이성적으로 변해 해결하려 노력해서 보통은 잘 견디고 이겨내고 심지어 성장한다. 완벽하게 해결하지 못해도 적당히 일상을 버텨낼 수 있을 만큼 타협하고 지난날 앞에 담담해지는 날은 온다.

내 감정이 어느 정도인지 문장으로 적어볼 수 있다면 적은 글을 보면서 관찰자의 입장으로 최대한 객관적으로 볼 수 있다면 감정 표현과 태도의 실수는 줄일 수 있다. 이런 연습을 반복하면 자기 객관화가 가능하고 스스로의 한계를 인정하게 된다. 감정조절 능력이 생긴다. 시간이 더 지나면 감정이 있는 삶이 얼마나 다양하게 흐르는지 깨닫게 되고 감정 있는 삶에 감사함을 느낄 것이다. 이 알아차림이 모여 비로소 그리고 언젠가는 감정에 휘둘리지 않고 차분해질 수 있다.

감정을 정리하는 일과 출간의 과정은 참 비슷하다. 시작은 막막하게 느껴질 수 있다. 원고의 시작은 그 어느 작가도 워드의 하얀 화면에 한 글자부터 시작한다. 출간하고자 마음먹는다면 어쨌든 시작해야 한다. 출간이라는 질적인 목표 앞에 단순히 A4용지 80장을 채운다는 양적인 목표가 먼저다. 나는 일단 50장을 채우고 퇴고하면서 분량을 조절하는 편인데, 50장은 하루에 한 장씩 쓰면 50일, 하루에 두 장씩 쓰면 25일, 즉 한 달 안에 가능하다. 이렇게 목표를 나누어보면 훨씬 더 잘 보인다. 물론 그 시간에 글을 쓸 의지와 인내력, 집중력은 당연히 해내야 할 나의 몫이다. 양이 채워지면 저절로 질을 높이고 싶다는 욕심이 생긴다. 나의 욕심을 믿어보길. 어차피 평생 살 건데 의료 기술이 발달하여 더 오래 산다는 데 길어지는 삶을 내 욕심과 호기심으로 채울 수 있길 바란다.

'나 화났어.'라고 써볼 것. 쓰는 동안 조금 수그러드는 나를 경험할 것이다. 글을 고치면서 감정을 그대로 받아들이고 마주하는 나 자신을 발견할 수 있다. '나 화났어.' 네 글자를 쓰는 시간, 3초의 힘을 믿는다. '나'를 꼭 쓰자.

## 쓸수록 쓸 것들은 늘어난다

쓰면 쓸수록 쓰고 싶은 이야기가 자꾸자꾸 생각난다. 우리에게는 어제가 있고, 그 어제가 있고 또 그 어제가 있듯이 글은 쓰고, 쓰고 또 써도 또 쓸거리가 있다. 어제와 엊그제를 연결해서 쓰고 어제와 1년 전을 연결해서 쓰면 또 다른 글이 나온다. 결이 비슷할 순 있어도 완전히 같은 글은 나오지 않는다. 같은 주제의 문장이라도 다른 글이 나온다. 돈이 많았으면 좋겠다고 썼다가도 필요한 만큼만 있으면 된다고 썼다가도 로또 당첨이 되고 싶다고 쓴다. 어떤 게 진짜야? 싶은데 이런저런 생각을 하는 내가 진짜이다. 앞뒤는 안 맞는 것 같아도 거짓은 없다. 각 문장마다 조금씩 글을 덧붙여 쓰면 타인이 공감할 수 있는 글이 된다.

별거 아닌 내 하루로 어떻게 글을 쓸 수 있냐고 한다. 일상은 별거 아닐 수 있지만 그 별거 아닌 시간을 글로 재구성하는 건 아주 특별하고 근사한 일이다. 평소보다 조금 일찍 일어났을 때의 기분, 새벽까지 잠들 수 없는 이유, 잠들기 전 베개를 베고 했던 그저 그런 생각들도 모두 휘발시켜버리기 아쉬운 좋은 글감이다. 글로 이야기를 만들고 기록해 두면 얼마든지 근사한 글감이 될 수 있고 그럼 별거 없던 하루가 특별해진다.

글이 되기 전에 항상 말이 먼저이다. 말 이전에 생각이 먼저이다. 그 생각은 경험과 연결되어 있다. 단어가 문장이 되고, 그 문장이 말이 되면서 한참 나중이 되어야 글이 된다. 책이 되기 전까지의 모든 생각과 경험이 모두 말이고 이야기다. 같은 경험이라도 엄마에게 이야기하는지, 친구에게 이야기하는지에 따라 다 다르다. 물론 나 자신에게 하는 말도 다르고 하고 싶은 말과 듣고 싶은 말이 다르다. 글로 써보면 또 다르다. 다른 알아차림을 경험할 수 있다. 경험은 또 말이 되고 글이 된다. 나 자신에게 하는 말과 들은 말은 스스로 잘 챙겨야 한다. 다른 사람이 챙겨줄 수가 없다. 잘 챙긴 알아차림은 나만의 특별한 에세이가 된다.

사람이 어떤 일을 할 때 가장 자연스러운지가 삶의 질에 꽤 영향력을 미치는데, 글을 쓰는 게 자연스러운 사람이 작가라고 나는 생각한다. 말과 글의 가장 큰 다른 점은 말을 하면 할수록 지치게 되어 에너지를 소진하게 되는데, 글은 쓰면 쓸수록 새로운 글을 더 쓰고 싶고 채워지는 기분이다. 말은 하면 할수록 감정이 솟아나고 글은 쓰면 쓸수록 침착해져서 감정이 아래를 향한다. 글을 쓰고 있으면 감정을 '크고 작다', 기분이 '좋다 나쁘다.'로 표현하지 않고 세밀하고 정교하게 표현하게 된다. 감정이 생긴 상황과 이유를 그려볼 수 있다. 말을 하면 할수록 에너지가 필요하고 마지막엔 시원하고 끝이 나는 반면 글은 모든 상황과 이야기를 기억하고 싶게 한다. 글의 마무리엔 잘 정리되어 잘 정돈된 그럴듯한 결론이 남아 있으니까. 정교한 생각들을 다시 기록으로 남기는 게 다채롭고 풍요하게 사는 나만의 비법이다.

말은 모르면 가만히 있어야 하고 애매한 말을 하면 상대를 헷갈리게 할 뿐이고 해야 할 말은 제대로, 예의를 지켜, 상대의 감정이 상하지 않게, 꼭 필요한 말만 선을 넘지 않게 잘해야 한다는 정해진 룰이 있다. 실수하면 안 되고 실수했다면 즉각적으로 상황이 복잡하고 피곤해지기도 한다. 글을 그렇지 않다. 어떠한 설득이 필요하다면 말보다는 글이 더 효과적일 거다. 들어주는 사람보다 읽어주는 사람이 더 차분하고 담담할 수 있을 테니까. 애매한 글을 써도 읽는 사람은 자신의 생각과 경험을 넣어 읽는 사람만의 결론을 내기도 한다. 글을 읽을 때는 앞에 혹시 놓친 부분이 없나 다시 눈을 올려 확인할 수도 있다. 정해진 순서도 답도 없는 거다. 어쩌면 눈치 보느라 하지 못한 말을 그 상황을 글로 잘 풀어내면 생각지도 못한 새로운 결론에 도달할 수도 있다.

글을 쓰고 읽히는 건 다름과 달라질 수 있음을 받아들이는 과정이기도 하다. 기술이 발달해서 글을 써주는 AI가 개발되었다. 지인도 AI를 이용해서 강의를 준비하고 책을 쓰는 데도 도움을 받을 거라고 했다. 참 신기했다. 저절로 한 글자씩 적어내고 있는 걸 보면 마치 투명 손가락이 정말 글을 쓰고 있다는 착각이 들기도 했다. 방금 적었던 글을 지우고 다시 글을 쓰게 하면 새로운 글을 쓰는 기술은 정말 놀라웠다. 사람처럼 생각하나, 사람의 머리보다 더 많은 지혜를 가지고 있나 궁금했다. 그런데 문득 그런 생각도 했다. AI는 지식은 있지만 경험은 없지 않나. 써 줄 정보는 있어도 직접 경험한 특별한 감동을 느껴본 적은 없지 않을까. 나만의 경험이 더 중요해지겠구나. 나만 아는 이야기가 더 소중한 이야기가 되겠구나. 감동을 잘 풀어내고 공감할 수 있는 작가가 되어야겠다고 다짐하게 되었다.

경험에서의 배움은 한 방향의 가르침과 깨우침은 아니다. 20대 초반에 했던 아르바이트 경험은 첫 사회생활의 힘듦과 적은 돈도 크게 느끼는 법, 고생, 사람과 사랑, 시작하는 법과 그만하는 법, 예의와 태도, 그 시간을 머릿속에 다양한 이야기로 만들어 꺼내 볼 수 있는 나만 알 수 있는 추억이다. '돈을 벌었다, 힘들다, 고단했다, 보람 있었다.'고 한 마디로 단정할 수 없는 추억의 촘촘함이 오롯한 진짜 경험이지 않을까. 그 추억들을 잘 기억하기 위해서라도 부지런히 내 손으로 직접 써야겠다.

글쓰기에는 운이 없다. '쓰다 보니 써지던데요.' 같은 말에도 무수한 시간과 노력, 인내심이 있다. 글쓰기는 온전히 노력이지 로또에 당첨되듯이 우연히, 어쩌다 보니 글이 써지지 않는다. 숫자 몇 개를 맞추어 큰돈에 당첨되는 것처럼 좋은 글을 쓸 수 있는 작가가 될 수 없다. 로또가 당첨이 끝이라면 출간은 또 다른 시작이다. 책 한 권의 분량을 적어내고 출간을 했다면 나의 이야기를 세상에 보일 용기 있는 선택의 경험을 해본 것이다. 그건 운이 아니라 확실한 실력이다. 솔직함까지가 온전한 나의 글쓰기 실력이다. 출간을 했다고 바로 작가라고 할 수 있느냐에 따라서는 말이 많지만, 최소한 책 한 권을 써낼 수 있는 용기와 실력이라면 그 정도의 경험이라면 작가라 불려도 되지 않을까.

책 한 권을 쓰는 건 아무런 행운을 기대하지 않으면서 오롯이 내 실력으로 책을 채워가며 담는 행위이다.

## 쓰니까 다 할 수 있다

학교에서 배우고 책을 읽고 글을 쓰고 다른 사람들과 만나서 모임을 하며 성장하면, 돌고 돌아 그 많은 정보와 지식 중에서 세상에서 가장 중요한 게 '나'이고, 나에게 가장 중요한 건 '나의 건강'이라는 걸 알게 된다. 건강은 단순히 버킷리스트의 우선순위가 아니다. 사람의 말과 글 그리고 삶에 모두 건강이 깔려 있다. 사회생활, 친구, 지인, 가족과 인간관계에서 혼란스러운 사람들도, 오직 나를 위한 결정, 나의 몸과 마음을 위한 결정만 하면 된다면 훨씬 쉽고 가볍게 살 수 있다. 나이가 들면 건강이 중요해진다고 생각하지만 젊었을 때도 건강은 정말 중요하다. 젊음이 몸의 건강을 담보해주기에 건강의 소중함을 인식하지 못해도 어쨌든 건강은 건강할 때 지켜줘야 한다. 건강은 몸과 마음 모두이며 살면서 간과하는 것 중에서 가장 중요한 게 당연함 대한 감사함, 건강이지 않을까.

당연함의 감사함을 알게 되면 사는 게 한껏 부드러워진다. 한 번이라도 아파봤다면 팔, 다리, 몸을 마음대로 움직이지 못한 적이 있다면 가장 소중한 게 건강임을, 세상 무엇과도 바꿀 수 없음을 몸소 느끼게 된다. 사랑하는 사람을 위하는 일도, 가족을 위한 희생도 어쨌든 다 몸이 건강해야 할 수 있다. 연말이 되면 버킷리스트도 작성하고 소원을 묻기도 하는데, 나이가 들수록 그 버킷리스트는 간결해지고 소박해진다. '그저 건강하면 되지. 나도, 내가 사랑하는 사람들도. 이런 깨우침을 바탕으로 연세 지긋한 어른들이 천천히 걸으면서 그저 건강이 최고지.' 하는 그 시간과 삶의 경험에 존경심이 몰려온다. 이 과정이 내면에서 시작되었으며 급하지 않았다면 제법 잘 살고 있다고 믿어도 괜찮다.

글을 쓰면 쓸수록 마음 근육이 단단해져 가고 있다는 안정감이 느껴진다. 글을 쓰면서 마음을 다스릴 수 있다. 일단 계속 손가락을 쓰고 머리를 쓰면 치매는 피할 수 있지 않을까. 머릿속이 복잡할 땐 산책을 하는 편인데, 가벼운 산책 후 글을 쓰는 건 몸과 마음을 모두 건강하게 할 수 있는 좋은 습관이다. 힘들게 산을 오르고 내려오는 길에 정리되는 생각이 좋아서 등산을 끊을 수 없어 글을 쓰기 전에 산을 오르는 습관으로 몸도 건강해지겠지 한다. '잠 좀 못 자는 게 어때서, 원래 예민해, 이러다 말겠지. 뭐.' 하면서 나의 건강에 관심이 없는 사람도 많다. 그런 사람들은 보면 어딘가가 비어 있고 바쁘다. 내 인생에서 하나씩 챙기며 채워가는 기쁨을 느껴보았으면 좋겠다.

꾸준히 원고를 쓰고 특강을 하고, 좋은 특강을 하기 위해서 나 또한 다른 작가들의 특강을 들으러 다닌다. 필요한 책을 골라 읽고 공부한다. 다른 사람들의 이야기를 듣기 위해 독서 모임에 나가고 팟캐스트와 음악방송을 진행하고 요즘은 뉴스도 만든다. 꾸준히 운동하고 주말엔 짝꿍과 데이트를 한다. 틈틈이 행사를 기획하고 시간이 날 때는 여행도 간다. 1년에 제주도나 해외로 두 번은 떠나는 삶을 살고 있다.

사람들은 그런 나를 보며 어떻게 그 많은 일을 다 하냐 하는데, 밥 먹는 시간에 밥 잘 먹고 잠자야 할 시간에 잘 자면서 그냥 한다. 어떻게 그렇게 일을 하면서 원고가 있냐고. 출간도 강의도, 뉴스 제작도, 팟캐스트 진행도 다 좋아하는 일이다. 좋아서, 좋으니까 그냥 한다.

내가 하는 모든 일은 나의 글쓰기와 연관되어 있다. 일하는 동안 깨달았던 내용은 단어로 메모하고 시간이 날 때 단어를 문장으로 만든다. 정리해서 막 쓴다. 내 책의 기본은 막 쓰기다. 글쓰기 수업은 글을 쓰고 출간을 하면서 느끼고 알게 된 것들을 수업내용으로 함께 써보고 나누는 시간을 가진다. 나 역시 수업을 진행하면서 참여자들에게 나의 글과 글쓰는 법을 피드백받는 것이다. 어쩌면 내가 더 많이 배우는 자리인지도 모르겠다. 뉴스 제작도 가장 기본은 대본인데 보도하고 싶은 아이템을 적절하게 장면으로 나타내고 거기에 맞는 나레이션과 인터뷰 내용을 준비한다. 이 과정 모두가 글쓰기로 시작한다. 대본으로 기준을 잡으면 그 다음은 비교적 순조롭게 진행된다. 팟캐스트 진행도 글쓰기와 관련된 일이 많고 또 글을 쓰고 평소 정리해둔 생각으로 진행한다. 물론 녹음을 하다가 반짝이는 생각이 있으면 그걸 글로 써내기도 하고. 각각은 다 연결되어 있어서 서로 영향을 주면서 하나씩 채워나간다.

원고를 쓸 시간이 있긴 있냐고 자주 묻는데, 그런 질문엔 오히려 글을 쓰기 때문에 가능하다고 대답한다. 출간을 위해서 퇴고하는 한두 달 정도를 제외하고는 보통 쓰고 싶은 글만 막 쓴다. 일하면서 생각난 문장을 적어두고 다듬는다. 이 시간이 밥을 먹는 시간보다 중요하고 재미있고 행복하다. 이날은 기분 좋게 에너지를 소진하고 하루를 잘 정리한 날이기에 밤에는 꿀잠을 잘 수 있다. 이렇게 재미있고 행복한 시간이 충만해서 계속 하고 싶은 일이 생기고 일상에도 호기심이 생긴다. 오늘도 나 자신에게 호기심을 가지기 위해서 글을 쓴다.

나이가 들고 똑똑해질수록 더욱 호기심이 필요하다. 많이 알면 알고 있는 것에 취해 모르는 것, 앞으로 알 것들에는 인색하게 된다. 세상은 여전히 내가 아는 것만으로 돌아가지 않는다. 호기심이 생겼다면, 호기심을 만들 방법을 우연히라도 알게 되었다면 그 과정을 절대 잊지 말길. 우리의 삶은 성공과 실패의 문제가 아니다. 성공과 실패로 나누기에 너무 많은 성공과 너무 많은 실패를 하면서 그 중간에서 조금씩 기울어지며 살고 있다. 잘살고 있는지, 제대로 살고 있는지 가끔 궁금할 때 그 대답의 기준을 생각해봐야 한다. 편안함, 주변의 좋은 사람, 업무 실적, 돈, 시간 등 다양한 삶의 기준을 생각해봐야 한다. 삶의 기준이 하나라는 편견부터 버리길.

제대로 살고 있는지는 너무 자주 궁금하지 않았으면 좋겠다. 너무 자주 여러 기준으로 삶을 재단해보면 오히려 불안해질 수 있다. 삶을 자주 확인해보면서 오히려 삶의 질을 떨어트릴 수 있다. 끓는 냄비의 뚜껑을 자주 열어본다고 금방 익지 않는다. 넘치지만 않으면 된다. 굳이 곱씹어 보지 않는 하루는 안녕히 보낸 하루이니까 푹 잠들고 편안한 아침을 맞이할 수 있길 바란다. 오늘도 어떤 노력을 한 하루였다면 충분히 잘살고 있는 거다.

새로운 호기심이 생겼을 때 그 호기심을 충족하기 위해서 어떤 준비가 되어 있는가. 호기심을 해결할 몸과 마음의 준비가 되어 있으면, 호기심이 느껴지는 곳으로 갈 시간과 그만큼의 자원이 있다면 잘살고 있는 거다. 아침에 눈을 떴을 때 하고 싶은 일이 있고 만날 사람이 있고 갈 곳이 있는 하루가 얼마나 감사한지 알았으면 좋겠다. 기회는 늘 우연히 혹은 아무렇지 않게 오는데 그 기회를 잡을 준비가 되어 있는지를 잘 생각해보길. 이건 그 어떤 실력과도 별개의 일이다. 오로지 몸과 마음이 건강하기만 해도 가능하다.

## 사랑을 쓰면 반성문이 된다

글을 쓰기 시작하면서 사랑에 대한 글을 쓰고 싶다는 생각을 많이 했다. 평생 사랑하면서 평생 사랑에 대해 쓰면서 살고 싶었다. 사랑을 쓰면 사랑을 알 수 있지 않을까. 조금 쓰고, 조금 지우고, 조금 비우면서 지난 사랑을 정리해볼 수 있지 않을까. 단 음식은 선호하지 않지만 돌체라테를 즐겨 마시고 추운 건 싫은데 겨울에도 꼭 아이스로 마신다. 다이어트 중이니 꼭 덜 달게 옵션을 선택하는 나만의 이상한 당연함은 이야기가 되어 글로 써졌고 요즘은 이런 이상함을 읽은 적 있다는 독자를 만나 새로운 이야기를 계속 만들어가는 중이다. 나만의 이상함은 아마도 지난 사랑에 특히 연애에 많이 묻어 있을 거다. 글을 쓰면 이런 나만의 당연함이라는 가벼운 인정과 소소한 행복을 느낄 수 있어서 참 좋다. 가끔 아주 오래전 나의 커피 취향이었던 바닐라 라테까지 알고 있는 독자를 만나면서 세상 어딘가에 나보다 나를 더 잘 알고 있는 사람이 있을지도 모른다는 근사하고도 생경한 기분을 경험하게 되었다. 오직 글을 통해서만 느낄 수 있는 감정일 거다.

사랑에 대해 꼭 쓰고 싶었다. 그런데 잘 안되었다. 사랑의 시작과 끝을 마음대로 할 수 없듯 사랑을 쓰고 돌아보는 것도 쉽게 안 되었다. 인스타에는 평생 사랑하면서 살겠노라고, 사랑에 대한 글을 쓸 거라고 자신만만하게 글을 써 놨는데 난감했다. 앞으로 사랑으로 설레고 아프고 앞, 뒤 따지지 않고 직진하는 날이 있을까. 그럴 수 없어서 궁금한 마음이 들었는데 그래서 써보고 싶었나 모르겠다.

사람은 살면서 누구나 사랑을 재정의해봐야 한다. 다정한 노부부를 보며 서로를 사랑하냐고 물으면 절대 아니라고 한다. 챙기는 건 맞고, 이 사람이 내가 없으면 안 된다고 생각하고, 몇 십 년 함께 살았지만 사랑은 아니라고 손사래 치고선 그 손을 잡고 다시 걸어간다. 자식과 손녀는 확실히 사랑하지만 이 사람은 사랑하는 게 아니라고. 혹시, 내가 알고 있던 사랑, 사랑에 대한 나의 정의가 바뀌었는지 어떻게 바뀌고 어떻게 넓어졌는지 글로 써보았다면 어땠을까.

첫사랑에서 배운 사랑과 마지막 사랑에서 배운 사랑을 정의해보고 자신만의 사랑법을 찾아야 한다. 사람마다 다른 사랑법을 찾아야 한다. 평생 말을 배우듯 평생 사랑을 배운다. 사랑도 어떤 문법처럼 연결되어 있고 쉼표를 찍을 때와 마침표를 찍을 때가 정해져 있다. 그 문장은 읽은 사람에 따라 받는 사람에 따라 달라진다. 쉼표와 마침표를 무시하는 사람도 많으니까.

사랑을 재정의해보는 가장 쉬운 방법은 과거 나의 사랑, 연애의 기간을 글로 써보는 것이다. 어설프게 책이나 TV, 유튜브에서 배운 사랑으로 평생 함께할 사람을 만나 사랑하며 살 수 없다. 친구들의 조언, 결혼한 사람의 조언으로 주변에서 배워도 되긴 하지만 그건 그들의 사랑법이지 나를 위한 사랑법은 아니다. 사랑을 재정의하기 위해서라도 첫사랑에 대해 꼭 써보길. 결혼하고 이제 사랑하지 않으면서 산다고 믿는 사람도 여전히 사랑에 대해서 써봐야 한다. 나의 첫사랑, 마지막 사랑을 글로 써보면 내가 생각하는 사랑의 정의가 무언지 어떻게 변해왔는지 알 수 있고 여전히 많은 것들을 사랑하고, 많은 사랑을 받고 있음을 깨달을 수 있다.

사랑이 어디까지가 감정이고 어디까지가 현실인지, 이제는 사랑이 있기나 한지도 헷갈린다. 눈에 보이지 않는 건 진짜 없는 거던데, 기대하지 않고 믿지 않는 게 속 편하던데. 사람과 사랑은 변하는 게 좋고, 그래서 적당하게 변하는 사람과 사랑에서 편안함을 느낀다고. 사랑의 마무리 단계에서 편안함을 느끼면 그동안 사랑을 주었던 사람들을 떠올려보면 서툴렀던 나의 사랑법에 미안한 마음이 몰려온다. 얼굴도 이름도 잘 기억나지 않는 사람들에게도 미안함이 남는다.

도대체 누가 사랑을 하는 건지 여전히 모르겠다. 여전히 잘 모른다고 쉽게 말한다. 한동안 잘 모른다는 대답이 좋아서 서점 매대에서 책을 보다가 잘 모르겠다는 문장이 있으면 무조건 그 책을 사서 나온 적도 있다. 마치 여전히 잘 모르는 삶을 사랑하듯.

예전엔 사랑을 소재로 한 드라마나 소설이 많았는데 요즘은 사랑보다는 이혼, 성공과 현실에 훨씬 더 관심이 많다. 이미 사랑은, 사랑의 시대는 끝났다고도 한다. 사랑은 인생의 일부분이고 그 어떤 방법으로 온전히 증명할 수 없다는 데는 동의하지만, 그래서 평생 사랑하고 사는 게 불가능할지도 모르겠지만 그래도 사랑에 대해서 쓰고 싶다. 미안한 마음을 담아서 글로 쓰는 게 지금 곁에 남아 있는 사람을 사랑하는 방법이라 믿는다. 어렸을 때 과학 상상 그림이 지금의 현실에서 이루어지는 것처럼 이렇게라도 사랑을 계속 써야 다시 사랑에 집중할 날이 올지도 모르니까.

자꾸 사랑을 쓸 때, 과거로 돌아간다는 걸 깨달았다. 현재의 시점에서는 도저히 사랑 이야기가 나오지 않았다. 연애에 대한 책을 정말 많이 읽었다. 지난 사랑을 다시 꺼내기 위해 책으로 공부를 해야 하다니. 연애 감성이 촉촉하게 올라왔을 때 노트북을 열고 썼다. 감정을 잠시 빌려올 수 있다. 사랑에 대한 과거의 나의 부족함과 잘못을 너무 잘 안다고 할까. 사랑을 쓰는데 마치 반성문이 써지는 건 그래도 성숙해졌다는 걸 의미하진 않을까.

평생 사랑하면서 살겠노라고 한 다짐과 사랑에 대한 글을 쓰고 싶은 시간이 우연히 겹쳤는지도 모르겠다. 글을 쓰면 그 우연한 시간을 놓치지 않고 기억할 수 있다. 이제는 평생 사랑하면서 살고 싶다고 생각하지 않는다. 앞으로의 삶에 감정적인 애매함을 끼워넣고 싶지 않다. 사랑에 대해서 생각 하지 않으면서 사는데 계절을 닮은 사랑 이야기를 출간하는 참 신기한 경험. 글을 쓰는 건 이렇게 가장 밑바닥에 깔려 있는 걸 찾아내는 일이다.

사랑을 써보고 싶었던 게 아니라 연애에 대해 쓰고 싶었나 보다. 사랑이 넓어지고 깊어져 이제 연애하지 않아도 충분히 괜찮은 삶이다. 그저 그 시절을 그 계절을 추억하고 싶었나 보다. 잊고 사는 게 편안하다는 것까지 알게 되어서 추억하고 싶었나 보다.

이렇게 나의 연애는, 오직 사랑만 했던 이야기는 마무리되겠지.

## 글이 안 써질 땐 자존심 죽이기

사람에게는 정해져 있는 에너지가 있다. 그 에너지는 쓰면 쓸수록 소진된다. 밤에 잠이 들 때까지 다시 충전이 잘되지 않는다. 푹 자고 일어나면 좀 낫긴 한데, 아침에 일어나도 다시 충전이 안 되어있는 날도 있다. 시간도 그렇다. 하루 24시간 중에 잠자는 시간, 이동하는 시간, 밥 먹는 시간, 준비하는 시간을 빼고 나면 남는 시간이 별로 없다. 현대가 바쁜 이유이기도 할 거다. 시간도 한정되어 있고 우리가 활용할 시간은 진짜 부족한지도 모르겠다. 그래서 온갖 총량의 법칙을 나는 믿는다. 행복 총량의 법칙, 불행 총량의 법칙, 에너지 총량의 법칙, 좌절 총량의 법칙, 지랄 총량의 법칙까지도 전부. 그리고 모든 일에는 순서가 있고 시간이 지나야 알 수 있다는 말도 믿는다.

삶은 경험의 연속이고 경험은 시간적 순서로 이루어져 있다. 하지만 과거에 대한 기억에 시간의 순서는 크게 의미가 없다. 일주일 전에 먹었던 점심은 기억나는데 어제 저녁엔 무엇을 먹었는지 가물가물 하다. 일상을 충실히 살고 있다가 노트북을 열었을 때 글이 잘 써지지 않는 건 당연하다. 인간관계의 갈등에 에너지를 쏟고 왔다면 글이 안 써지는 게 당연하다. 감정 소모를 한 이후는 에너지가 고갈된 상태, 즉 힘든 상태이다. 다음에 할 일은 마음을 진정시키고 그 갈등에 대해서 본격적으로 정리해보거나 잊거나 둘 중 하나다. 잊는 데도 소진된다.

에너지를 소진했으니 충전이 필요한 때 글을 쓰려 시도하는 사람이 많다. '마음을 가라앉히고 글을 쓰세요.'가 정말 가능해서 하는 말인지 의문이 든다. 갑자기 마음을 가라앉히는 건 갑자기 '잠을 자세요.'와 똑같은 말이다. 글을 쓰는 게 얼마나 많은 산소와 열량을 필요로 하는데 심신이 지친 상태로 어떻게 글을 쓰란 말일까. 그건 글을 너무 쉽게 생각하는 거 아닌가. 안 써지는 게 아니라 에너지가 없어서 못 쓰는 거다. 글을 쓰는 기술이 있어서 기계적으로라도 쓰면 좋긴 하겠지만 글쓰기는 기계적으로 숟가락으로 떠내듯 머릿속의 생각을 퍼올릴 수 있는 일은 아니다.

시간이 사람들에게 똑같이 적용되는 것처럼 삶에 대한 에너지도 정해진 양을 나누어 써야 한다. 글이 쓰고 싶으면 글을 쓰기 위한 에너지를 따로 보관해둘 필요가 있다. 잘 써진 날이 있으면 그만큼 소진된 것들을 채우기 위해서 충전하는 시간과 노력도 분명히 필요하다. 정말 글이 글글글 하고 쏟아져 나오는 날이 있지만 내일도 모레도 그런 글글글 상태는 유지되지 않는다. 오늘 쏟아내면 내일 쉬어야 하고 내일 쉬면 모레는 좀 글글글 할 수 있는 상태가 된다. 일상의 모든 것이 나의 에너지와 연관되어 있다. 핸드폰을 보면 해야 할 연락이 생각나고 음악을 들으면 감각이 작용하고 음악과 관련된 추억이 떠오른다. 다 감정이 일어나는 일이다.

글도 마찬가지다. 혹시 글이 잘 써지지 않는다면 글쓰기 스킬이 부족해서는 아니다. 그러니 자책하는데 또 에너지를 낭비하지 말길. 글을 쓸 에너지가 남아 있지 않거나 오롯이 내면을 바라볼 용기가 없어서 일수도 있고, 무엇을 어떻게 해야 할지 몰라 시작을 망설이고 있을 수도 있다.

굳이 써야 할 이유가 없으면, 잘 모르면, 보수가 없으면 와닿지 않는다. 현실을 버티기 위해서 내면을 무시하고 애써 자존심의 이면을 마주하는 게 불편함을 느낄 수 있다. 현실의 자존심을 내려놓고 진지하게 써 내려갔는데 내면 깊은 곳을 바라보는 순간에 알 수 없는 불쾌함이 몰려오면 그 행위를 하지 않게 된다. 자존감이 유행이고 나 자신과 잘 지내야 한다는 말을 많이 해도 자존감보다 자존심이 더 중요하고 나 자신보다 타인과의 관계가 더 중요한 사람이 있다. 그들의 가치관이 틀렸다고 말할 순 없다. '굳이? 나에 대해서 알아야 해?' 하는 생각이 자존심을 지키는 일이라 믿으며 현실에서 타인과 대치하던 자존심과 글 앞에서 나 자신과 대치하는 상황으로 펼쳐친다. 현실적인 자존심이 가장 중요한 사람은 자존심보다 더 소중한 것들을 잃으면서 살게 된다. 이런 사람들이 글을 못 쓰는 사람이다. 글쓰기 실력이 없어서 못 쓴 글이 아니라 정말 손가락이 움직일 수 없어서 글을 못 쓰는 사람.

정말 글글글 쓰고 있는 사람들을 보면 아무 생각 없이 막 쓰기를 하는 경우가 많다. 여기에서 생각이 없다는 건 잘 써야 한다는 생각, 강박이 없다는 뜻이다. 글을 쓸 때는 어떤 자존심도 내려놓아야 한다. 그래야 오로지 생각을 쏟는 데 집중할 수 있다. 생각을 쏟아내는 게 좋은 글감이 쏟아져 나오는 과정이다. 앞뒤가 맞지 않고 말이 안 되는 문장을 써놓을수록 더 좋다. 한 문장, 한 문장 고치면서 더 많은 이야기를 써 내려갈 수 있다. 뭔가 말이 안 되는 거 같다, 말이 이어지지 않는다는 걱정은 하지 않아도 된다. 말이 안 되는 이야기일수록, 말이 이어지지 않는 이야기일수록 참신한 경우가 많다. 말이 안 되는 이야기는 생각을 생략한 문장일 것이다. 다시 읽으면서 생략했던 문장이 무엇인지 생각해보고 추가해서 쓰면 된다.

걱정하지 않아야 글을 편안하게 쓸 수 있다. 글을 잘 쓰는 것보다 걱정을 없애는 게 더 어려울지도 모르겠다. 잘 썼다는 생각이 드는 글은 우리에게 익숙한 글이다. 이해되어야 울림을 줄 수 있는데 어려운 글은, 글을 이해하는 것만으로도 벅차다. 그럼 좋은 글이라고 생각하지 않는다. 낯설고 새로운 글도 불편하게 받아들여지기도 한다. 그 말이 안 되는 문장에 살을 붙이면서 말이 되도록 이야기를 만들어가는 과정이 글쓰기이다.

끝까지 말이 안 되는 문장은 없다. 틀린 문장도 없다. 처음에는 말이 안 되는 문장을 말이 되도록 고치는 작업이 퇴고이다. 일주일 정도 글을 쓰지 않아도 멀쩡하게 살 수 있다. 자의든 타의든 며칠 정도 쓰는 걸 쉬면 '어? 이렇게 시간이 많이 생긴다고?' 하면서 감탄하기도 한다. 운동도 마찬가지다. 꾸준히 운동하면 몸이 좋아지는 게 느껴지고 건강해지고 있다는 뿌듯함이 생긴다. 그러다가 운동을 멈추면 조금만 먹어도 살이 찔 것 같고 나태해진 나 자신에 실망하기도 하는데 시간이 지나고 익숙해지면 나름의 편안함에 또 익숙해지기 마련이다. 운동하면 건강해져서 정말 좋지만, 운동을 쉬면 시간이 많이 생기고 다른 의미에서 편안해진다. 이런 면에서 운동과 글을 참 많이 닮았다.

하면 좋지만 하지 않으면 시간이 많이 생기고 하지 않는다고 하늘이 두 쪽 나진 않아도 서서히 몸과 마음이 망가지고 있다는 것, 더 건강하게 사는 방법으로 건강한 습관을 길러보길 바란다. 그런 의미에서 글을 쓰는 건 꾸준히 쓰고 자존감을 지키는 일이다. 글은 나의 꾸준함을 증명하는 방법이 된다. 나 자신에게 실망하지 않으면서 살면 나 자신을 탓하면서 살지 않으면 잘 정리 정돈된 내면에 무엇을 추가할지, 뺄지를 쉽게 결정할 수 있다.

자존감과 자존심은 묘하게 시소 같다. 둘 다 잡으려면 힘들지만 자존감으로 자존심은 저절로 지킬 수 있다. 글을 꾸준히 쓴다면 자존감은 저절로 높아지고 성숙한 삶의 태도로 자존심은 덤으로 지킬 수 있을 거다.

## 글에 구깃구깃한 내가 있다

나는 선천적으로 오글거리는 말을 못 한다. 연애할 때 사랑한다는 말도 잘못했고 일상에서는 미안하다, 고맙다는 인사는 잘하지만, 진짜 고맙고 진짜 미안할 때는 그 말이 잘 안 나온다. 고마워도 웃고 미안해도 웃는데 그 웃음으로 꽤 많은 오해를 받기도 했다. 잘 안 나와서 못했다. 능력치와는 다른 못함이다. 그러면서 오글거린다는 표현 때문에 낭만이 사라지는 게 안타까운 모순덩어리 작가다. 나는 잘못하니까 누구라도 잘 해줘서 세상에 있을지도 모를 빈틈을 메꿔줬으면 한다.

마음을 표현하는 걸 잘 못했다. 내 마음을 다 표현하고 사는 사람, 아니 마음을 제대로 표현할 줄 아는 사람, 내 마음을 제대로 알고 제대로 표현하고 사는 사람이 얼마나 있겠냐만, 마음 상태를 제대로 알고 표현하고 설명하기만 했어도 20대를 덜 전쟁처럼 보내지 않을까. 20대 때도 사랑한다는 말을 못 한다는 놀림을 많이 받았다. 사랑이라는 확신을 받았다면 그래도 사랑한다고 했을 텐데, 나는 연애에 사랑의 확신은 없었고 표현도 잘못했으니 자연스럽게 고백 못 하는 여자로 연애하고 사랑했다. 고백하지 못하는 사람은 고백받는 게 편하다. 마음을 표현하느라 애쓰는 것보다 나를 좋아해주는 사람에게 마음을 맞추는 게 즉각적인 편안함을 주기에, 편안함을 위해서 연애 앞에 주체성을 내려놓고 사랑을 배우고 연애했다.

글을 차분히 쓰다 보면 내 마음속에 있던 여러 모양이 언어로 표현되며 바깥으로 나와 차분하게 마음을 정리해준다. 머릿속에 있는 생각들을 고대로 꺼내니까 굳이 잘 쓸 필요도 문법을 생각하면서 쓸 필요도 없다. 혼자 써 내려가는 건 나중에 다시 내가 알아볼 수 있을 만큼만 써놓으면 된다. 그렇게 쓰다 보면 머릿속으로 천천하게 정리되어 있다는 게 느껴진다. 마치 하지 못한 표현의 아쉬움을 정리하는 것처럼, 몰랐던 마음의 모양을 언어화시켜 형태를 주는 것처럼, 글을 쓰면 몰랐던 감정들이 자연스럽게 진행되어 정리되어 있다.

내 눈으로 보고 읽을 수 있으니 얼마나 확인하기 좋은가. 차분히 감정들을 제자리로 보내는 글을 쓰면 엉켜 있던 인간관계가 같이 정리됨을 느낄 수 있다. 글이란 게 정리 정돈과 같아서 글을 쓰면 어떤 방식으로든지 감정이, 마음이, 그리고 생각이 정리된다. 써야만 알 수 있는 정리의 기쁨, 간결해짐의 기쁨을 모두 느껴봤으면 좋겠다. 모든 사람이 이런 기쁨을 느끼며 편안하게 글을 썼으면 좋겠다.

처음 글을 쓰는 사람에게는 보통 에세이로 시작하라고 말해준다. 어렸을 때 일기를 쓴다는 생각으로 오늘 하루, 어제, 그리고 1년 전에 무엇을 했는지 시간적 순서대로 써보고 그때마다 어땠지, 즉 기분을 더해서 쓰면서 나의 기분과 감정을 되새겨 본다. 특별한 사건이 아니라도 괜찮다. '나는'으로 시작해서 오롯이 나에 대해서 쓴다. 사람들은 쉽게 나에 대해서 잘 안다 혹은 잘 모른다고 말하지만 나에 대해서 직접 써봐야 잘 아는지 혹은 모르는지 제대로 판단할 수 있다. 나를 안다고 생각했던 사람이 생각보다 잘 알지 못해서 혼란스러울 수도 있고, 나에 대해서 잘 모른다고 생각했지만 의외로 쉽게 써 내려갈 수도 있다.

무엇을 어떻게 써야 할지 잘 모르겠다면 '나는'으로 시작해서 생각나는 대로 쓰면 된다. 그렇게 자유롭게 쓰다가 퇴고할 때 글의 순서를 고치고 '나는'이라는 문구만 지워도 제법 그럴듯한 글이 에세이로 써 있음을 확인할 수 있다.

가끔 에세이가 뭐냐는 질문을 받는다. 일기와 에세이는 어떻게 다른지, 에세이가 수필인지, 여행을 다녀와서 글을 쓰고 싶은데 에세이인지 기행문인지. 에세이에 대한 사전적 정의가 있긴 해도 에세이란 글을 모두 아우를 수 있는 명확한 정의는 없다. 나 역시 자기계발서라고 열심히 썼던 글이 에세이로 출간되기도 했고 산문집을 한 권 출간하고 싶어서 쓴 글이 에세이로 평가받기도 했다. 일기처럼 성장 과정을 적은 글이 에세이가 되어 출간된 건 정말 감사한 일이었다.

에세이에 대한 나만의 정의는, 과거를 내 마음대로 미화하고 재구성한 솔직한 글이다. 수업할 때 어떨 때는 에세이에서 경험이 가장 중요하고, 또 어떨 때는 솔직함이 가장 중요하다고 말한다. 사전적 정의는 따로 있지만 충분히 설명할 수 있으면 그건 나만의 정답이 될 수 있다. 참여자들이 원하는 대답을 해주는 편이다. 내면을 솔직하게 바라보는 게 힘든 분께는 에세이의 생명은 솔직함이라 말하고 과거를 정리해보고 싶은 분께는 에세이에서 경험이 가장 중요하다고 말씀드린다. 일기 말고 에세이를 쓰고 싶다는 분께는 지금 쓴 글을 고치고 고치면 에세이가 된다고 말씀드린다. 나의 이야기를 솔직하게 써보며 나만의 에세이로 정의할 수 있길 바라며. 과거는 이미 흘러갔으므로 어쩔 수 없이 고정되어 있지만 에세이로 써보면 얼마든지 나에게 유리한 글을 써서 재구성할 수 있다. 그대로 다시 기억하고 추억하면서 돌아보는 기쁨을 누릴 수 있다. 글로 감정을 배우고 누구나 감정을 알아가는 기쁨을 느낄 수 있었으면 좋겠다. 우리는 감정을 배워야 한다. 감정을 느끼고 알고 타인에게 설명할 수 있도록 배워야 한다.

나에 대한 글을 쓰면서. 형식 따윈 상관없이.

## 이제 써볼까? 할 때까지 누워 있자

나에게 글은 참 특별하다. 글을 이렇게까지 특별하게 생각하는 나도 참 특이한 것 같긴 한데, 글을 써야만 알 수 있는 나만의 알아차림을 기억하고 그 알아차림이 성숙해지면서 더 특별해지고 있다. 15년 동안의 회사생활은 경제적 안정감과 많은 추억을 남겨주었지만, 글을 쓰면서 지금의 삶에서 느끼는 만족감과는 비교할 수 없다. 글을 쓰면서 하루하루 편안해서 별일 없어도 기쁘고 편안함이 행복이라는 걸 깨닫게 해주었기에, 나 스스로 더 가치와 의미를 담아간다. 삶의 가치와 의미는, 의미에 의미를 부여하고 가치에 가치를 더하며 또 다른 의미와 더 깊은 가치를 깨닫게 해준다. 그렇게 내 방식대로 삶이 깊어진다고 믿는다.

글과 책 관련 모임을 진행할 때, 항상 글을 쓰는 게 행복했으면 좋겠다고 말한다. 글이 써지지 않아서 속상하고 힘들다면 쓰지 않았으면 좋겠다. 몸에 좋은 한약이 쓰다는데 여전히 한약이 쓰기만 하고 몸에 얼마나, 어떻게 좋은지 잘 모르겠다. 그래서 여느 글쓰기 강사들처럼 모든 사람에게 글을 쓰라고 권하지도, 누구나 출간을 할 수 있다고 나에게 글쓰기 기술을 배우라고 말하지 않는다.

나는 나답게 글을 쓴다. 모두 자신다운 글을 쓴다. 나의 글쓰기 기술이 다른 사람에게 잘 작용한다는 보장은 없다. 인내와 용기는 스스로 마음을 다잡는 일이지, 누가 만들어주는 게 아니다. 당근과 채찍 중에서 여러 가지 당근을 잘 준비하는 강사이지 채찍으로 옳다고 생각하는 기술을 강요하는 사람은 아니다. 채찍보다는 당근의 힘을 믿는다.

아마 채찍이 필요한 사람은 글쓰기를 좋아하지 않는 사람일 거다. 출간이란 결과물은 보고 싶지만 글쓰기는 덜 하고 싶은 사람, 그런 사람은 글을 써서 출간까지 인내하고 성실하기 어렵다. 그래서 인내할 준비가 되어 있고 마음을 다잡고 출간하겠다는 용기를 내는 사람에게만 글을 함께 쓰자고 제안한다.

가끔 글을 잘 쓰고 빨리 쓸 수 있는 기술만 가르쳐달라거나, 자신은 글을 쓰라고 책상에 앉혀주는 사람이 필요하다거나 옆에서 쓰라고 챙겨줘야 글을 쓸 수 있다고 말하며 글을 배우러 오는 사람이 있는데, 솔직히 그런 분들에게는 해줄 수 있는 게 별로 없다. 마음을 먹는 일, 써야겠다는 다짐은 오롯이 스스로 해야 한다. 타인이 해줄 수 없다.

오히려 그런 에너지를 아껴서 진정으로 인내하고 용기 내겠다고 다짐한 사람들에게 쓰고 싶다. 모든 사람에게 잘 대해주면 마치 인내하고 용기 내는 사람들이 손해 보는 것 같아서, 성실하게 마음을 다잡은 사람들이 어쨌든 유리했으면 좋겠다. 다만, 글을 쓰면 어떤 게 좋은지는 하나, 하나 다 알려주고 싶긴 하다. 그 좋은 점 중에서 어느 하나라도 얻어걸려서 쓰고 싶다는 생각, 한번 써볼까 하는 생각이 들 때, 글쓰기에 도전하는 게 아니라 한번 시작해보고 싶다는 생각이 들 때, 내 생각이 난다면 그걸로 충분하다.

내 일상은 보통 운동을 하고 글을 쓴다. 요즘은 글쓰기 수업과 다른 활동으로 바빠지긴 했지만 어쨌든 글을 쓰는 게 하루 중 가장 중요한 일이다. 어떤 날은 운동을 먼저하고 또 어떤 날은 글을 먼저 쓴다. 특별한 게 있다면 글쓰기를 중심으로 스케줄을 짠다는 거다. 운동하고 밥을 먹고 마음이 좀 편안해지면 '이제 써볼까?' 하는 생각이 든다. 그러면 쓴다. 몸과 마음과 머리가 힘들 때도 그렇다. 충분히 이불속에서 웅크리고 충분히 잘 쉬면, 이제 써볼까 하는 생각이 든다. 그러면 쓴다. 이제 써볼까 하는 생각이 날 때 쓰는 건 글쓰기를 미워하지 않을 방법이며 나만의 약속이고 억지로 쓰지 않겠다는 의지이다. 마치 배가 고프면 꼬르륵 소리가 나고, 꼬르륵 소리가 나고 밥을 먹은 후 느끼는 포만감처럼 그렇게 글을 쓰고 마음도 머리도 포만감을 느낀다.

내가 보내는 신호에 집중하고 존중하며 나만의 순서와 리듬을 약속처럼 지킨다. 꾸준히 계속 쓸 수 있는 특별한 이유는 없다. 제대로 잘 쉬기만 하면 이제 써볼까 하는 생각이 든다. 아마 베스트셀러 작가의 책을 읽고 공부한다고 해도 나는 그들처럼 글을 쓸 수 없을 것이다. 베스트셀러는 그 작가님만 할 수 있는 말로, 그 분만 쓸 수 있는 글로 책이 구성되어 있다. 내가 비슷하게 흉내 내서 써내더라도 그들만큼 감동을 줄 수 없을 것이다. 그 책이 베스트셀러가 된 이유에는 그 작가님이 쓰셨기 때문도 분명 있다.

좋은 글을 쓰기 위해서 좋은 사람이 되어야 하고, 더 많은 사람이 공감할 수 있고 울림을 줄 수 있는 글을 쓰기 위해서는 오래오래 써야 한다. 무엇보다 오래오래 쓸 자신은 있어서 작가라는 호칭에 부끄럽지 않다. 글쓰기 실력은 잘 쓴다와 못 쓴다로 판단될 수 있겠지만 오랜 시간은 시간 그대로 증명된다. 평범한 내가 좋은 작가가 되기 위해서는 오래오래 성실해야 하지 않을까. 그게 독자들에 대한 예의이며 내 삶을 대하는 성실한 태도가 아닐까. 적어도 전에 출간된 책보다는 나아졌고 그래서 다음 책이 기대된다는 평을 들어야 하기에, 나의 컨디션을 잘 유지하는 것도 오랫동안 글을 쓰기 위한 중요한 과정이다.

누군가 그랬다. 어차피 다이어트는 평생이라고. 평생 억지로 뭔가를 해야 한다는 신세 한탄처럼 들릴 수 있겠지만, 평생 해야 한다면 어차피 할 거 즐기면서 할 수 있는 방법을 찾으라는 뜻이다. 10kg을 빼겠다고 다이어트를 선언했는데 5kg만 뺐다고 해서 그 다이어트가 실패한 건 아니다. 어쨌든 5kg을 뺐으니 절반의 성공이기도 하고, 절반의 성공도 어쨌든 성공이다.

도전하지 않았다면 아무 일도 일어나지 않았다. 계획을 세웠고 노력을 했고 시도를 했고 그동안 인내했고 과정이 기억난다면 세상에 불필요하고 쓸데없는 일은 없다. 적어도 내 의지로 노력한 일을 스스로 별거 아닌 일로 만들어서 나 자신을 무시하진 말았으면 좋겠다. 아, 다이어트는 도전이겠지만 글쓰기는 도전이 아닌 단순한 시작이길 바란다.

## 시간은 아무것도 해결해주지 않는다

글쓰기 시작은 마음을 먹고 오롯이 내 손으로 직접 해야 한다. 직접 쓰지 않으면 시도하지 않으면 시간은 아무것도 해결해주지 않는다. 시간은 내 손으로 직접 쓴 글을 성숙하게 해줄 뿐이다. 책상에 오래 앉아 있는다고 성적이 오르지 않는다는 걸 우리는 잘 알고 있다. 글은 성적 올리고 실적 쌓듯이 의무적으로 적어낼 수 있는 결과물이 아니다. 그래도 책상에 앉아 있으면 선생님이나 부모님께 덜 혼날 수 있고 죄책감은 줄일 수는 있는데 죄책감 줄이기 위해 쓴 글에 감동받을 수 있을까. 글쓰기도 어쨌든 앉아서 쓰기 시작해야 하는 건 맞지만 앉아 있는 것만으로는 달라지는 게 없다.

나 스스로 읽었을 때 만족할 만한 글을 쓰려면 내가 좋아하고 잘 아는 주제로 최상의 컨디션으로 글을 쓰고 최소한 서너 번은 고쳐야 한다. 글을 처음 쓰는 사람은 좋지 않은 컨디션으로 막 쓰기를 해놓고선 자신의 글쓰기 실력에 실망하고 그럴 때 멍하니 앉아 있던 시간이 더 많았으면서 자괴감을 느낀다. 나는 쓸 거리가 이렇게 없나, 그동안 앉아 있으면서 쓰지도 않고 뭐 했나 하면서 자책하기 마련이다. 막 쓰기는 정말 막 쓰기일 뿐이라는 생각은 못하고선 글쓰기가 어렵다고 생각한다. 공부와 글쓰기는 완전히 다르다. 공부는 주어진 이론을 외우고 기억하면 된다. 모르는 단어를 외우고 계산기로 정답을 낼 수 있는 것들을 계산기 없이 정답을 내면 제법 공부 잘하는 사람이 될 수 있다. 집중을 잘하고 잘 외우는 사람이 아무래도 유리하다. 오래 하고 반복하면 효과가 난다. 반면 글쓰기는 온전히 창의적이다. 그림을 보고 그림을 그리는 게 아니라 그림을 보고 다른 그림을 그리는 행위다. 생각을 꺼내서 재구성해야 하고 잘 정리해서 더 깊은 성숙함을 끌어내는 일이다. 글을 쓰는데 집중하는 건 머릿속으로 지나가는 생각을 날려버리지 않기 위함이지, 글 쓰기는 집중해서 애쓰고 힘줘서 할 일은 아니다. 아무런 노력 없이 그때의 장면, 향기, 맛, 기분과 분위기, 색깔이 기억나는 게 정말 신기하고 감사할 따름이다. 과거의 기억들이 예측되지 않는 순서로 떠오르고 글로 표현함으로써 선명해진다. 보통은 그 속도를 손가락이 오타를 내면서 써 내려간다.

독서와 글쓰기도 다르다. 사람들은 책을 잘 읽는 사람, 책을 많이 읽은 사람이 글을 잘 쓸 수 있을 거라 생각하지만 반은 맞고 반은 틀리다. 독서를 즐긴다는 말의 뜻도 다양하다. 좋아하는 작가의 생각을 알아내는 기쁨, 지식 습득의 기쁨, 표현의 대단함을 느끼는 기쁨, 오롯이 잡생각을 떨쳐낼 수 있는 기쁨 등 사람마다 책을 읽는 시간을 즐기는 방법은 다 다르다. 내가 글을 잘 쓴다는 말에 동의하지 않는 것처럼 책을 잘 읽는다는 표현이 옳은지 잘 모르겠다. 주어진 문장을 보고 장면을 상상하며 온전히 글에 집중해서 빠지는 게 독서라면 글쓰기는 온전한 상상으로 장면을 만들어 문장으로 표현하는 과정이다.

세상의 그 어떤 순간도 문장으로 완벽하게 표현해낼 수 없다. 작가가 표현하고 싶은 부분만 적어낼 뿐이다. 독서와 글쓰기는 머릿속에서 일어나는 생각의 방향성은 완전히 반대이다. 공부와 독서, 그다음이 글쓰기로 창의적이지 않을까. 참고로 나는 왼쪽으로 갈수록 더 못하는 사람이었다. 요즘 사람들의 관심이 집중되어있는 CHAT-GPT를 글을 써주는 인공지능이라는 말을 많이 하지만 나는 글쓰기보다 독서의 개념이라 생각한다. 인공지능이 써주는 글을 나는 눈으로 읽어간다. 책이 이미 쓴 글을 읽는 거라면 CHAT-GPT는 쓰고 있는 글을 읽는 것 같다. 어쨌든 인공지능이 골라준 정보를 내가 받아들이니까 어떤 책의 한 면을 보거나 어떤 기사를 보는 것 같다. 사람은 정보를 검색할 때 자신이 보고 싶은 것만 본다. CHAT-GPT 역시 마치 알고리즘처럼 내가 궁금한 질문을 하고 그에 맞는 대답을 해주니까. 좋은 질문을 하고 잘 질문하는 사람이 되면 유용하게 이용할 수 있을 것이다.

무조건 일상에서 시간을 내고 글 쓰는 루틴을 만들라는 사람도 있다. 그 시간에 책상에 앉아서 노트북을 두드리면 뭐라도 나온다고. 그 말도 완전히 틀린 말은 아니다. 하지만 그동안 스트레스를 받을 거고 그러면 글쓰기가 싫어질 수도 있다. 글쓰기가 싫어지면 굳이 쓸 필요 없는 이유는 1분 안에 10가지 정도는 찾아낼 수 있다. 뭐라도 쓰자는 심정으로 글을 쓰면 속은 시원해진다. 그 글을 타인의 시선에서도 이해할 수 있도록 퇴고하기까지 시간과 노력이 배로 필요하다. 일방적인 글은 좋은 글, 공감받을 수 있는 글이 되지 못하기 때문이다. 그러함에도 불구하고 글을 쓰면서 내가 시원해지면, 그 글은 이미 충분히 좋은 글이다. 다이어트에서 경험상 식단이 가장 중요했다. 시간은 한계가 있다. 준비하고 운동하고 씻는 데는 또 시간이 필요하다. 운동은 의지도 시간도 전제된 노력이더라고. 식욕을 억제하기만 하면 언젠가 폭발한다. 천천히, 운동하고 적당히 식단을 조절하면서 건강하게 다이어트를 하듯 글도 그렇게 성실하게 썼으면 좋겠다. 물리적인 한계를 잘 나누어 일상에 적용시키며 삶의 밸런스를 유지해야 한다.

결국 습관을 바꾸어야 더 오래 진성으로 바뀐다. 습관을 바꾼다는 건 시간이 바뀌는 것이고, 시간이 바뀌어야 삶이 바뀐다. 그럼 나의 삶이 바뀌는 거다. 글을 제대로 쓴다는 건 꽤 창조적인 일이라 자리에 앉는다고 아무 때나 할 수 있는 건 아니다. 그래서 단순히 새로운 글을 써내기보다는 이미 썼던 글을 고치는 작업을 더 권한다. 글을 고치면 고칠수록 분량은 많아지고 깊어진다.

사람의 생각을 바꾸는 게, 하기 싫어하는 사람에게 하고 싶은 마음이 생기도록 하는 게 가능한지 잘 모르겠다. 세상에는 글에 관심 없는 사람도 많은데 관심 없음도 그대로 존중하고 싶다. 물론 생각이 바뀌어서 쓰고 싶은 순간이 오면 언제든지 환영하고. 아마 글이 쓰기 싫은 사람, 글쓰기에 관심이 없는 사람들은 앞에 괄호가 있고 (지금은)이 생략되어 있을 거다. 글을 쓰기 싫다는 사람을 억지로 노트북 앞에 앉혀서 글을 쓰게 하는 것보다 글을 쓰고 싶은데 뭘 써야 할지 모른다는 사람에게 친절히 대답해주는 게 더 낫다고 생각한다. '글을 쓰면 진짜 나를 만날 수 있어요, 일상이 행복해져요, 스트레스를 날려 보낼 수 있어요.'가 분명 틀린 말은 아니지만 누구나 글만 한두 편 쓰면 나 자신을 사랑하게 되고 자존감이 올라간다고 말할 수는 없다. 글 한두 편에 자존감이 막막 솟구치고 인생이 달라지면 그게 마약이지 글일까. 평생을 글만 쓰시는 순수문학을 하시는 분들이 조금은 억울하지 않을까.

한때 무슨 일이든지 인간관계에 문제가 생기면 어떻게든 대화해보라고, 대화로 풀어지지 않을 일이 어디 있냐는 말을 가장 싫어할 때가 있었다. 세상에 대화로 풀어지지 않을 일이 없다면 범죄는 왜 일어나며 상처는 왜 받는다는 말인가. 사회는 회피형 인간에게 문제점을 지적하며 어떤 일이든지 부딪혀서 부서지든, 깨지든 끝을 보라고 하는데 난 끝을 보는 게 가장 무섭고 참는 게 더 속 편한 사람이다. 어떤 일을 해결하기보다 조용히 가라앉을 시간이 필요할 뿐인데 부서지고 깨지는 소리는 그 자체로 스트레스가 더해진다. 여전히 대화로 모든 일을 해결할 수 있다는 말을 믿지 않는다. 사람들은 대부분 무슨 일이 있을 때 왜 그랬냐고 물어보고 이해하려고 노력한다. 그 정도의 노력은 하면서 산다. 대화로 해결하려 하다가 이해할 수 없는 일이 생기고 나도 모를 감정이 쌓여 대화도, 감정도 풀리지 않아 지치고 힘들다. 그럴 때 일상에서 조금 떨어져 쓰고 풀리고 그 힘으로 다시 일상으로 돌아가길 반복한다. 타인에 의해 불편한 마음도 결국 내가 받아들이고 이해해야 끝이 난다.

어떤 말을 할까 고민하는 시간 자체가 힘들고 감정을 표출하는 자체가 다시 스트레스가 되어 죄책감을 느끼는 사람도 있다. 세상엔 생각도 하기 싫고 스치기도 싫은 사람도 있다. 자신에 대한 글을 써놓고 너무 솔직하게 써서 공유하고선 다시 얼굴을 못 보겠다는 사람도 있다. 감정은 지나가고 나면 묘한 죄책감이 생긴다. '내가 말이 심했나, 이 말은 안 했어도 안 되었나, 잘 이해했을까, 상대방이 돌아갈 때 기분이 어땠을까.' 생각이 다시 나를 괴롭힌다. 조용히 참아내고 그 상황이 조용히 잘 지나가야 비로소 안심되는 성향의 사람이 하고 싶은 말 다 하고 감정 표출 다 하고 살았다면 아마도 마음의 병이 생겼을 거다.

## 좋은 어른을 위한 과정

출간하면 강의나 글쓰기 수업을 할 기회가 생긴다. 나에게도 몇 번의 제의가 있었다. 글을 처음 쓰게 된 계기나 출간까지의 과정을 강연하는 건 그나마 할 만한데, 글쓰기 수업 앞에서 한없이 작아졌다. 지금까지 네 권의 책을 출간했지만 글을 쓰는 특별한 기술이나 방법도 없는 것 같고 여전히 글을 잘 써야 한다고 생각하지 않는다. 사람들에게 어떤 주제문과 깊은 메시지를 줘야겠다고 마음먹고 쓴 적은 없다. 삶에 대한 깊은 깨우침은 나보다 더 똑똑한 사람이 줄 것이고 아마도 자신이 존경하는 사람과 이야기하고 싶을 거다. 여전히 내 글이 좋다는 말도 별로라는 말도, 글을 잘 쓴다는 말도 못 쓴다는 말도 듣는다. 그저 내 글을 읽고 독자들의 경험을 바탕으로 여러 방면으로 생각을, 평소에 못 했던 생각을 해보았으면 좋겠고 조금 더 욕심을 내자면 편안해졌으면 좋겠다.

내가 쓴 책의 방향과 다르게 생각하더라도 내 생각이 틀렸다고 생각한다 해도 상관없다. 소설을 원작으로 드라마나 영화가 제작되면 실망했다는 평이 많은 건 제작팀의 기술력보다 소설은 읽으면서 자신의 상상력으로 이야기를 받아들이기 때문 아닐까. 나의 상상력보다 더 나에게 맞는 이야기는 세상에 없다. 나만 만들 수 있는 장면과 감동은 그 누구도 만들어줄 수 없다.

글쓰기 수업을 진행하면 수업에 참여한 사람들이 수업을 함께하는 동안 마음 편하게 글을 쓰면서 멍도 때리고 글쓰기 수업 듣는다고 우아하게 자랑하는 정도가 적당하다고 생각한다. 수업 시간에 타인의 글을 비방하지 않기 말고는 지킬 규칙은 없다. 가끔 글을 미리 써오시거나 그날의 주제에 맞지 않는 글을 쓰시는 분도 있다. 그런 분들의 글도 끝까지 듣고 참여자들과 짧게 이야기한다. 다른 사람들과 다른 주제를 쓰고 다른 이야기를 하는 것만으로도 다름과 불편함을 견디는 시간이 된다. 그 견딤은 오롯이 그 사람의 몫이다. 내가 할 수 있는 건 규칙을 한 번 더 말해주는 것. 오늘의 주제를 한 번 더 강조하는 것 거기까지이다.

아마 이렇게 강의 계획서를 쓰면 도서관에서는 다시 쓰라고 할 거다. 사실 수업에서 가장 중요한 건 참여자들을 독려하고 글을 꼭 써야 한다고 말하면서 계속 쓰라고 설득하고 그럴듯한 결과물일 텐데, 나는 극도의 대문자 I(내향적인 성향)이라 그러지도 못한다. '잘 안 써져요.'라고 말하면 '아, 그러시군요, 그럴 수 있어요. 잘 안 써져도 괜찮아요. 저도 가끔 그래요.'라고 말하는 이상한 강사다. 글쓰기 수업을 신청해놓고 글을 쓰기 싫을 수도 있고 기술을 익혀 한방에 잘 쓸 방법을 원하는 사람도 많다. 정말 솔직히 말하면 한 방에 글을 잘 쓸 방법은 없고 그런 수업도 없다. 오롯한 칭찬을 원한다면 글을 써서 나를 무조건적으로 사랑해주는 사람에게 찾아가야 한다. 수업에 강사로서 한 가지 욕심을 내자면 글이 쓰기 싫어도 수업에는 오고 싶었으면 했다. 글이 잘 안 써져도 글쓰기 수업에 가면 마음이 편해지는 쉬는 시간이었으면.

작가도 글을 쓰는 것보다 더 중요한 일상이 있고 제대로 쓰지 못하는 상황이 있을 수도 있다. 예외적인 상황을 모두 존중하기에 '여러분도 열심히 제 수업을 들으면 저처럼 글을 쓰고 출간을 할 수 있으니 수업 똑바로 잘 들으세요.'라는 말은 정말 나오지 않는다. 나와 아무리 이야기해도 나처럼 말할 수 없고 주변에 아무도 나처럼 말하지 않는다. 다들 각자의 자신처럼 말하고 자신처럼 글을 쓴다. 아마 여러 글이 섞여 있어도 나의 글을 찾을 수 있을 거다. 10년 가까이 함께 산 짝꿍이 최근 나와 말투가 조금 비슷해졌다. 대화를 많이 하기에 일상에서 나만의 말투와 억양, 쓰는 단어들이 닮아가고 있다. 하지만 회사에 가서까지 그렇게 말하진 않을 거다.

'과연 수업 듣는 사람들이 나처럼 말을 하고 글을 쓰고 출간을 하면서 살길 원할까?'에 대해서는 여전히 회의적이다. 사는 데 할 일이 너무 많고 일상이 복잡하면, 내 인생의 중요한 사건이 일어나고 있다면 나는 글 쓸 생각하지 말고 그 일상을 처리하고 오라고 말하니까. 세상엔 지금 당장 하지 않으면 큰일이 나고 글쓰기보다 더 중요한 일이 얼마나 많은데. 글쓰기 강사로서는 그리 좋은 태도는 아니겠지만.

이렇게 생각하는 찰나에 글쓰기 수업 제의가 왔다. 그때 문득 궁금해졌다. 과연 내가 지금 하는 생각이 맞는 건지, 유튜브나 인스타의 다른 작가들처럼 '하루에 한 문장이라도 쓰세요, 꼭 쓰세요, 무조건 시간을 내세요, 제 수업을 들으면 글을 잘 쓸 수 있어요, 4주 수업이면 출간할 수 있어요.'가 옳은 말이고 내가 틀린게 아닌지, 혹시 내가 틀렸다면 다른 대책을 세워야 한다. 나는 여전히 억지로 매일매일 한 문장씩 꼭 쓰지 않아도 되고, 내 수업을 듣는다고 해서 무조건 글쓰기 실력이 향상되진 않을 것이고 4주로는 절대 출간할 수 없다고 믿는 작가이다.

실험처럼 글쓰기 수업을 시작했다. 강의명은 나에게 어울리게 '잘 쓰지 않아도 괜찮은 글쓰기'였다. 참여자들이 마음 편하게 글을 쓰길 바랐다. 글 쓰는 기술을 배우기보다는 나의 글 쓰는 기술을 배워서 나처럼 글을 쓰길 바라기보다는, 일상을 잊어낼 수 있는 공간에 모여 딴생각도 하고 쓸데없는 이야기도 하고 마치 산책하는 것처럼, 여행하는 가벼운 시간에 글도 있길 바랐다. 책상에 앉은 순간부터는 살림, 일, 가족, 현실을 잊을 수 있게 도와주면 누구나 집중해서 글을 쓰는 시간을 즐길 수 있다.

글을 쓰고 직접 읽으면서 공유하는 시간을 가지는 데 분명 잘 쓰지 않아도 괜찮은 글쓰기 수업이지만 쉬는 시간에 화장실도 가지 않고 집중해서 쓰고 있는 사람들을 볼 수 있다. 여기서 나의 역할은 정말 집중하고 있고 열심히 하는 모습이 아름답다는, 몰입의 즐거움을 인식시켜 드리기다. 사람들은 자신이 대단하고 특별한 순간을 콕 찍어서 말해주지 않으면 모르고 지나가는 경우가 많다.

나에게 글 쓰는 기술이 있다는 건 수업을 진행해보고야 알게 되었다. 글 쓰는 방법 따윈 없다고 써지는 대로 쓴다고, 어떻게 쓰냐는 질문에 잘 모르겠다고 멋쩍게 대답했었다. 이런 문장은 어떻게 생각의 방향을 틀면 되는지, 글이 안 써지는 이유가 무언지, 제목을 정하는 방법 등 구체적으로 질문을 해주면 더 구체적인 대답을 해줄 수 있다는 걸 알게 되었다. 역시 사람은 뭐든 해봐야 안다. 사람들의 질문을 대답해주면서 '아, 나만의 글 쓰는 방법이라는 게 있구나.'를 알게 되었다는 이상하고도 놀라운 사실이 나쁘지 않았다. 자연스럽게 썼기 때문에 인지하지 못했던 그런 나만의 기술, 알려주지 않으려 했던 건 아닌데. 나도 몰라서 없다고 생각했던 쓰기에 관한 이야기를 수업을 시도하지 않았다면 알려드리지 못할 뻔했다. 사소하다고 생각했고 별거 아니라 치부했지만 좋아하는 사람들이 있다는 걸 알게 되었다. 그래서 이제는 아주 아주 열심히, 성실하게 기쁜 마음으로 글쓰기 수업을 한다. 여전히 가장 가성비 좋은 취미이자 힐링 시간, 일상을 여행처럼 보내기 위한, 심지어 부작용도 없는 방법이 글쓰기라고 믿는다.

나를 돌아보는 글쓰기, 치유의 글쓰기, 내 하루를 에세이로 등

글쓰기 수업의 제목을 보면 보통 내면을 이야기한다. 내가 어떻게 살고 있는지, 어떻게 행동하는지 직접 써보고 찬찬히 생각해보면 의외로 지금까지 몰랐던 나 자신을 발견하고 놀라는 경험, 진정한 알아차림이다. 그게 이불킥 덜 하면서 사는 방법이고 그냥이란 단어를 자주 쓰며 이유 없이 무기력해지는 순간을 예방하는 방법이다. 한참 고민을 하고 수정에, 수정, 또 수정 작업을 거쳐 강의 계획서를 제출했다. 도서관 측에서 바로 연락이 왔고 글쓰기 수업 제목을 바꿀 수 있냐고 물었다. '좋은 어른을 위한 에세이'로 수정 부탁한다고. 바로 글쓰기 강의명은 변경되었다. 처음부터 내 책의 제목이 좋아서 글쓰기 수업을 제의했다고 했다.

세상엔 어차피 이미 정해진 것들도 많다.

## 놓치면 안 되는 자기 객관화

솔직히 원래부터 글을 잘 썼다. 말이 빨랐고 글도 빨리 깨우쳤다. 엄마가 내 손을 잡고 걸어 다니면서 길가의 간판을 읽어주면 곧잘 새로운 단어로 말했다는데, 엄만 내가 천재인지 알았다고 했다. 어렸을 때 혹시 천재일지도 모른다는 믿음이 내가 했던 최초이자 최후의 효도이지 않을까. 아, 첫 번째 에세이에 엄마 이야기를 담아 『미안해요의 주인공』이란 제목으로 출간해서 엄마를 인생의 주인공으로 만들어주며 갈아 치웠다. 초등학교 때 글짓기 대회가 있으면 척척 글을 써냈고 빨리 썼다. 무엇을 어떻게 써야 할지 모르겠다는 친구들 사이에서 제법 쉽게 글을 쓸 수 있었다. 한 번도 무엇을 어떻게 써야 할지 모를 때는 없었다. 쉽게 썼고 빨리 썼다. 작가가 되고 나서 인터뷰에서 원래 글을 잘 썼냐는 질문을 많이 받는데, 솔직하게 그렇다고 대답한다.

물론 질문과 대답의 깊이는 다를 거다. 아마도 질문은 어렸을 때부터 작가의 자질이 있었던 거냐고, 한 권의 책 분량을 적어낼 만큼의 능력이 있었느냐고 물었을 테다. 대부분의 질문자는 출간하는 데 얼마나 많은 시간과 노력이 필요한지 구체적으로는 모를 테고. 내 대답의 깊이는 적당히 초등학교 때부터 거침없이 글을 쓸 수 있었다, 정도의 뜻이다. 처음 인터뷰할 때는 자세히 설명했다. 어렸을 때는… 그런데 그때는… 구구절절 설명을 붙이고 질문과 대답의 깊이가 다를 거라고, 글에 대한 인식이 다를 거라는 구체적인 대답을 했지만 이제는 그냥 처음부터 잘 썼다고 말한다.

원래부터 글을 잘 썼다고 말하면, 대답을 듣고 놀라는 사람이 많다. 아마 놀라는 이유는 2가지일 거다. 그럼 어렸을 때의 재능을 지금까지 잘 살려서 오직 글 길만 걸었느냐와 어떻게 자신이 잘한다는 말을 서슴없이 할 수 있느냐일 거다. 하지만 나의 대답은 또 둘 다 아니다. 어렸을 때의 재능을 지금까지 온전히 살리지 못했다는 건 나를 아는 사람들은 대부분 알고 있을 거다. 15년 동안 회사생활을 했고 글만 쓰면서 사는 건 3~4년 정도다. 앞으로도 꾸준히 쌓아갈 예정이고. 예정에 대한 확신은 지금을 더 노력하게 해주면서 또 다른 실력을 만들어준다.

원래 글을 잘 썼다고 쉽게 말하는 건 초등학교 때 글을 잘 쓴 게 지금 작가로 살아가는 데는 그렇게 깊은 상관관계가 없음을 잘 알고 있기 때문이다. 공감이 잘되고 잘되지 못하는 글은 있어도 잘 쓰고 못 쓴 글은 없다는 건 어른이 되고 몇 권의 책을 출간하고 나서 한참 후에 깨닫게 되었다. 여전히 세상의 곳곳에는 어떤 기준에 맞는 잘 쓴 글과 못 쓴 글이 존재할 거다. 못 쓴 글은 평가하려는 사람에게만 보인다. 적어도 나와 함께 글에 대한 이야기를 하는 사람은 글의 잘, 못보다 글을 쓴 사람에 대한 이야기를 중심으로 대화해보았으면 좋겠다. 우리는 잘 읽히고 설명과 설득 같은 목적성이 있는 글만 쓰는 건 아니다. 생각을 정리하고 시간을 여유롭게 보내기 위해서, 손가락을 움직이기 위해서, 불안을 잠재우기 위해서, 사진을 찍기 위해서 그리고 그냥 쓴다. 나 역시 글을 잘 쓰기 위해서, 잘 쓴 글을 쓰기 위해서 글을 쓰는 건 아니다.

못 썼다고 평가받는 글도 읽는 사람을 둘러싼 상황과 배경지식 때문이지 오직 쓴 사람의 실력이 문제는 아닐 수도 있다. 어렸을 때 글을 잘 썼다고 쉽게 말할 수 있는 건 그만큼 그 깊이가 얕다. 초등학생은 글에 대한 개념이 명확하지 못하다. 문과와 이과의 성향으로 나누면 이과 성향이었던 친구는 뇌의 구조상 문과 친구보다 글쓰기가 힘들었을 거다. 선생님 말씀이 듣기 싫었던 친구도 있었을 거고 학교에서 하는 모든 활동이 싫었던 친구도 있었다. 그런 다양한 성향의 사람 속에서 말을 좀 더 잘 알아들어 쓰기를 편하게 생각하는 학생 정도였다. 3남매였고 언니와 동생 사이에서 눈치 볼 일이 많았고 인내하고 양보할 일이 많아서 하고 싶은 말을 참는 데 익숙했기에, 표현하지 못한 감정을 기억해야 했다. 엄마에게 말할 수 있는 내 차례가 되었을 때 또박또박 말해야 했다. 그러면 엄마가 안아주었고 그게 좋았다. 그래서 좀 빨리 성장하고 성숙했고 초등학교 때 글짓기 상장을 많이 받을 수 있지 않았을까.

에세이를 3권 정도 쓰면 이렇게 자기 객관화가 된다. 언제부터 글을 잘 썼냐고 물으면 초등학교 때부터 빨리 잘 썼고 회사에 다닐 때도 보고서나 기획서를 아주 빠르게 썼다고, 글감을 어디서 찾느냐고 물으신다면 글감 따위 찾지 않는다고 대답한다. 혹자가 글쓰기 싫은 날은 없냐고, 정말 억지로 쓴 날이 없냐고, 어떤 글을 써야 할지 모를 때가 없냐고 물으시는데, 정말 없다고 당당하게 말할 수 있다. 왜냐하면 안 써지는 날은 노트북을 열지 않기 때문이다. 글을 쓰기 싫을 때는 없고 쓰기 힘든 날이면 안 쓴다. 출간한 세 권의 에세이에 있는 그대로의 인간 김현주를 그대로 녹이는 방법이자 글을 미워하지 않고 즐기는 방법이다.

출간하기 전 보통 작가분 10권 정도를 출판사에서 먼저 보내주는데, 그때는 아주 꼼꼼하게 읽어본다. 예전엔 내 책의 저자이자 첫 독자라는 묘한 자부심이 있었는데, 요즘은 '내가 내 책의 독자가 될 수 있을까.' 고민하기 시작했다. 출간하고 나서도 가끔 내가 쓴 글들을 다시 읽으면 새로운 어색함과 그 어디에서도 경험하지 못해 본 민망함을 느껴보기도 한다. 컵라면을 먹을 때 물을 붓고 내가 쓴 책으로 뜨거운 김이 새지 않도록 얹어놓고 기다리는 기분이란 제법 특별한 사람이 된 듯하다. 일상을 조금 특별하게 사는 법, 나만의 특별한 컵라면 레시피.

뭘 써야 할지 잘 모르겠을 때, 정말 어떤 글을 써야 할지 모를 때, 글이 잘 안 써진다는 문장으로 시작해보라 한다. '안 써져서 돌아버리겠다, 답답해 미치겠다.' 같은 문장도 좋다. 아마도 돌아버리겠다, 미치겠다는 짧은 문장에 공감하는 사람들이 많을 거다. 왜 그런지 모르겠다고 공감하면서 각자의 이유를 찾고 비슷한 감정을 느낄 거다. 공감이 시작된다면 충분히 좋은 글이 될 수 있다. 글이 안 써진다는 건 지금 떠올리고 있는 생각을 마주하기 싫어서일 가능성이 크다. 쓰고 싶으면서도 피하고 싶은 이중적인 마음을 여실히 볼 수 있다. 현실도 글도 마음대로 안 되어서 짜증이 나 있을 수도 있다. 글이 써지지 않으면 생각의 변화에 힘을 빼고 몸의 변화에 집중해보라. 글이 써지지 않을 때 억지로 앉아 있으면 잘 써지지 않는 시간이 길어질 뿐이다. 본능적으로 눕고 싶은지, 배가 고픈지, 아님 누군가를 안고 살결이 느끼고 싶은지. 몸의 변화에 집중해보면 감각이 보이고 기분이 보이고 그다음 생각이 보인다. 손끝이 떨리는지, 시선이 어디에 머무는지, 추운지, 더운지, 혹은 더운데 참고 있는지 감각을 느껴보면 한 템포 쉬면서 생각에 다시 집중할 수 있다. 생각이 보여야 그 생각을 마주해야 글을 쓸 수 있다.

생각을 들여다보기 위해서 생각만 들여다보지 말자. 수줍으면 수줍은 글이 나오고 소극적이면 소극적인 글이 나온다. 소심한 글을 대심하게 고쳐보는 것도 글이 우리에게 주는, 아니 글을 쓰는 내가 느낄 수 있는 다양한 감정이다. 수줍어도, 소극적이라도 얼마든지 괜찮은 글을 쓸 수 있게 된다. 이 과정은 일상에도 그대로 적용된다. 걱정에 매몰되면 다른 생각을 하지 못한다. 걱정만 그만해도 반쯤 시원해질 수 있는데 걱정을 곱씹고 곱씹으면서 걱정하게 된다. 일상에서 글감을 찾기 위해 관심사를 돌리며 생각을 움직이는 것처럼 걱정에서 빠져나오는 연습을 할 수 있다.

## 말하듯이 쓰고, 쓰듯이 말하세요

말을 할 때마다 작정하고 말하듯이 말해야 해서, 매번 말하듯이 말하려고 노력하면서 말해야 한다면 정말 어렵고 불편할 거다. 말을 하는데 자연스러움이 없다면 정말 말하기 힘이 들 거다. 매일매일 말투를 생각해야 하고 표정을 신경 쓰고 목소리 톤을 정하여 '아, 아' 목청을 가다듬고 말해야 하면 그 스트레스는 감당할 수 없을 것이다. 머리에서 하는 생각을 자연스럽게 입으로 말하고 감정을 느낄 수 있는 일상에 새삼 감사함을 느낀다. 말하기가 생각만 정리되면 자연스럽게 되어서 참 다행이라고 생각한다. 말하려고 마음만 먹으면 목소리로 표현되어 몸 밖으로 나와서 타인에게 메시지로 전해진다.

언제부턴가 글을 딱딱하고 진지하게 쓰지 말고 편하고 부드럽게, 말하듯이 쓰라고 한다. 내 글은 유독 진짜 옆에서 말하는 것처럼 귀에 속삭이는 것처럼 느껴진다는 사람들이 많다. 말하듯이 쓰는 가장 쉬운 방법은 쓰고 싶은 대상을 정해서 글을 쓰면 된다. 말하듯이 쓰는 건 말하기와 비슷하게 적용된다. 대상을 정해놓고 그에게 말한다고 생각하고 쓰면 말하듯이 쓰기가 쉽다. 친구를 생각하면 편하고 친근하게, 대상을 어른으로 정하면 공손하게 글이 나온다. 편지 형식으로 전하고 싶은 메시지를 글을 써서 마지막에 어미만 '-다'로 수정해 보는 것도 좋은 방법이다. 다정한 말투의 문장으로 말하듯이 쓴 글을 완성할 수 있다.

나는 엄마의 존재가 당연한 철없는 딸이었는데, 엄마에 대한 글을 자꾸 쓰고 글을 쓰며 우는 나 자신을 발견하면서 비로소 엄마를 사랑한다는 걸 깨달았다. 엄마에게 자꾸자꾸 하고 싶었던 말이 떠올랐다. 분명 다 잊고 살았는데 기억이 났다. 분명 아무렇지도 않았는데 하고 싶은 말이 남아있었다. 그리고 엄마에게 말하듯이 쓰면서 진짜 엄마에게 말했듯이 꽤 많은 위로를 받았다. 하고 싶었던 말을 떠올리면 과거의 기억이 이어져 머릿속에 그려진다. 지금만큼 엄마를 사랑하고 있으며 받았던 사랑까지 깨닫는 소중한 과정이었다.

회사 이야기를 쓰고 싶은데, 글 쓰는 게 서툴러서 '좋은 아침'이라고 써놓고 고민했다는 질문을 받은 적이 있다. 그다음을 어떻게 써야 할지 모르겠다고 했다. '좋은 아침'을 '굿모닝'으로 고쳐야 할지 아니면 인사를 하지 않고 시작해도 될지 한참을 고민하다가 머리가 복잡해서 안 쓰기로 했다고. 나는 그 질문의 대답으로 '좋은 아침'과 '굿모닝'에서 고민이 되면 일단 둘 다 써놓으라고 말씀드렸다. 아마 그분은 짜장면과 짬뽕 사이에서 진지하게 고민하시는 분이 아닐까 짐작해본다. 고민이 될 때는 둘 다 써놓고 뒤에 쓰고 싶은 내용을 마무리하고 나서 다시 앞으로 돌아가 더 어울리는 문장을 남기면 된다. 결정이 애매하다면 이 글을 읽을 사람이 어린 아이인지, 또래인지, 부모님인지, 즉 독자의 성향을 고려하면 된다고 말씀드렸다. 특히 글을 처음 쓸 때 사소한 이분법적 고민을 잘 넘겨야 다음 생각을 할 수 있다. 글을 쓰면서 단어를 선별하고 선택하는 습관이 자연스럽게 이루어지는데, 내용에 치중하여 글을 쓰면 '좋은 아침'과 '굿모닝'은 별 차이 없음을 저절로 알 수 있게 된다.

나도 한때는 마음 근육이 없어서 힘들었던 시절이 있었기에 작은 결정을 하지 못함이 자신을 얼마나 불안하게 하는지 잘 안다. 남들이 봤을 때는 아무것도 아닌 작은 것들에 혼란스러울 수도 있다. 글을 쓰며 단어를 선별하고 선택하는 연습을 하면서, 비슷한 것들이 나열되어 있을 때는 어떤 것을 선택해도 삶에 큰 해가 되지 않는다는 걸 실감해보길. 비슷한 것들은 비슷한 결과를 남기고 그게 삶의 안정감으로 작용한다는 걸 글로 확인할 수 있다.

일상이 불안할 때는 잘잘못을, 옳고 그름을 따질게 아니라 그때의 감정을 그대로 글로 써서 지금을 공감받기만 해도 잘 지나간다. 행동을 바꿀지 말지, 마음을 굳게 먹는 일은 다음에 할 일이다. 한 사람, 한 사람이 힘듦의 깊이를 전부 다 알 수 없으니 무조건 글을 쓰면 다 해결된다는 말은 하지 않겠다. 하지만 써보고 한 템포 늦춰서 읽어보기만 해도 현실을 알아차리고 무엇을 해야 할지 자연스럽게 알게 된다.

그 어떤 것도 포기하지 말길. 지금 하던 일을 그만두는 건 포기가 아니다. 그건 쉬어가고 에너지를 충전하고 전략을 짜는 시간이다. 어떤 도전에나 쉼은 필요하다. 사람은 누구나 쉬어야 한다. 진짜 포기하는 건 다시는 절대로 도전하지 않겠다고 다짐하는 것이다. 그동안의 노력을 후회하며 시간과 돈과 사람을 낭비하는 게 진짜 포기다. 과거, 현재, 미래. 어제, 오늘, 내일의 경계는 애매하고 애매한 것들은 어떻게든 연결되어 다음의 도전을 기다리고 있다. 내가 진짜로 포기하지만 않는다면.

## 그 좋다는 책, 많이 읽으셨나요?

책을 많이 읽으면 좋고 글을 쓰면 더 좋다는 것을 잘 알고 있다. 하지만 돈 들지 않고 바로 시작할 수 있으며 어디서든 할 수 있는 책을 읽고 글을 쓰는데 인색하다. 잘 몰라서 안 읽고 안 쓰는 것은 아니니 독서와 글쓰기가 좋다고 강조하는 건 독서문화에, 글쓰기 문화에 그리 도움이 되지 못한다. 학교 공부를 잘해서 미래를 설계하는 게 안정적이라는 걸 잘 알지만 모든 학생이 공부에 최선을 다하지 않으며 교육이 시대의 변화와 개인의 삶을 온전히 책임져주지 않는 사회에서 살고 있다.

나는 어렸을 때 글이 어려운 사람이었다. 내 상상력은 언제나 글의 주제와 결론에 빗겨나갔다. 소설을 읽고 나서도 주인공이 입었던 옷이나 장소에 대한 장면, 주인공이 화난 정도, 사랑했던 감정의 정도 같은 것들만 남아 있었다. 소설이 주는 교훈, 작가의 의도, 줄거리 같은 건 몰랐다.

국어점수가 좋았던 건 아니었기에 나의 상상력은 틀렸다는 스스로의 선입견이 형성되었다. 가끔 나의 상상력이 원작의 결말보다 더 풍부하고 재미있었다. 물론 내 기준이겠지만. 그렇게 독서에서 조금 멀어지지 않았을까. 본격적으로 독서를 다시 한 건 대학교 때였고 그 누구의 강요도 지시도 가르침도 없었으며 스스로 삶을 제대로 견뎌보고자 찾아간 곳이 도서관이었다. 내 손으로 직접 책을 폈고 내 눈으로 보고 읽었다. 보고 싶은 장면은 또 보고 알고 싶은 내용만 찾아서 보았다. 그 누구의 평가도 받지 않았다. 어제 읽은 책을 오늘 다 까먹기도 했지만 그래도 책을 봤다. 까먹었던 기억을 까먹지 않고 기억하는 게 그 시절 나에게 독서였다. 내가 직접 선택한 일은 지치지 않는 한 그만둘 이유가 생기지 않는다. 그러니 지치지만 않으면 된다.

이력서나 자기소개서의 취미나 특기 란에 독서와 글쓰기가 적혀있다면 세상 재미없고 매력 없는 사람으로 여겨진다. 독서와 글쓰기가 그렇게 좋다면서. 책을 많이 읽는 사람은 생각이 깊고 사유할 줄 안다고 배웠다. 책을 많이 읽고 글을 쓰는 사람은 보고문서에 간략한 문장으로 표현하는데 분명히 유능할 텐데, 이를 철저하게 무시할 만큼 독서를 즐기고 글쓰기가 취미인 사람은 재미없게 살 거라는 편견과 선입견이 있다.

작가가 되어서 가장 좋은 점이 평일 저녁 혹은 주말에 책을 보거나 글을 쓴다는 말을 편하게 할 수 있는 것이었다. 주말에 뭐 하냐는 물음에 도서관 간다, 책을 본다, 글을 쓴다는 말이 잘 나오지 않아서 영화 본다, 친구들 만나서 술을 마신다거나, 놀러 간다는 말로 에둘렀다. 나 역시 단조롭고 무료하게 일상을 보내는 사람보다 재미있고 신선하게 주말을 보내는 사람으로 보이고 싶었는지도 모르겠다.

일상은 책을 읽을 시간을 쪼개서 억지로 내야 할 만큼 바쁘다. 하지만 아무리 바쁜 상황에서도 꼭 해야 할 일은 해내고 마는 게 또 사람이다. 책을 읽지 않는 이유가 단순히 시간 부족은 아니다. 책을 읽지 않는 또 다른 이유는 좋은 책을 선택하지 못했고 나에게 맞는 책을 만나지 못해서이지 않을까. 서점에 가면 정말 많은 책이 있고 책은 좋고 훌륭하므로 잘 읽고 잘 받아들여야 한다는 편견이 있다. 굳이 서점까지 가지 않더라도 핸드폰으로 쉽게 책을 검색하고 구매할 수 있다. 책 제목을 제대로 알지 못해도 저자를 몰라도 굳이 서점까지 가는 수고를 하지 않아도 쉽게 살 수 있다. 베스트셀러나 요즘 인기 있는 책을 찾아보고 선택하고 구매하는 건 아마 1분도 걸리지 않을 거다. 심지어 핸드폰 터치로 화면을 넘기면서 눈으로 보고 생각하지 않아도 귀로 들으면서 책의 내용을 머릿속에 넣을 수 있는 세상이다. 내가 관심 있는 책을 구매한 사람이 산 다른 책도 볼 수 있으니 얼마나 편리한 세상인가. 그런데 이렇게 쉽게 선택할 수 있어서 오히려 선택에 실패하는 경우가 많다.

세상엔 책보다 재미있는 게 많고 정보는 넘쳐도 삶이 힘들어 슬기와 지혜가 필요할 때는 여전히 책을 읽어야 한다. 정보가 넘치니 기준을 잡기 위해서라도 우리는 스스로 책을 펴야 한다. 유튜브와 인터넷, 검색을 통한 배움의 경중을 따지는 게 아니다. 그럼에도 불구하고 꼭 책도 읽어야 한다.

선택과 판단, 문제 해결과는 별도의 차분한 시간이 꼭 필요한데 그 시간에 책을 읽으면 좋다. 문제와 결이 맞는 책을 읽으면 다양한 방법으로 고민할 수 있고, 문제와 결이 맞지 않는 책을 읽으면 생각을 돌려 걱정을 쉴 수 있다. 쉽고 가볍게 얻는 데 너무 익숙해져 책도 쉽고 가볍게 선택하는 건 아닐까. 사실 책이 필요할 때는 삶이 힘들거나 쉬고 싶을 때인데 우리는 너무 쉽게 슬기와 지혜가 곁들여진 삶의 교훈을 얻으려는 건 아닌가. 가볍게 산 책은 실망하는 경우가 많다. 그 실망마저 가볍다. 다시 사면 되니까.

나는 책에 대한 애정이 담뿍 있어 인터넷으로 책을 구매하는 것보다는 직접 서점을 가고 라디오처럼 듣는 책보다는 눈으로 보고 직접 손으로 종이를 넘기는 종이책을 좋아하는 편인데, 직접 눈으로 보고 정성스럽게 선택해도 가끔 실망한다. 물론 저자의 생각은 존중하지만 원했던 내용이 아니거나 결론에 반대할 때도 있다. 독자는 얼마든지 책에 실망할 권리가 있다. 나도 책을 쓰는 작가이지만 제목은 어쨌든 주목을 받아야 하기에 누구나 쉽게 이해되고 한눈에 들어오는 제목, 자극적인 제목을 추구한다. 그래서 책이 제목과 내용이 서로 어울리지 않기도 하고 상반되기도 한다.

그래도 일단은 끝까지 본다. 어떤 책이든 끝까지 봐야 저자의 뜻을 파악할 수 있으니까. 책을 덮으면서 기어코 이 책이 출간되어야 할 이유에 설득되는데 이게 책에 실망할 권리 이면의 독서의 책임감 아닐까. 사람은 쉽게 버릴 수 없지만 책은 쉽게 버릴 수 있다. 어떤 사람에 대해 완벽히 아는 건 불가능한 것처럼 책도 읽고 모든 것을 알아내야 할 단순한 지식적 대상은 아니다. 책은 아는 만큼 받아들이면서 내가 얼마나 알고 있는지, 얼마나 모르고 있는지, 어떻게 활용하면서 삶에 적용시킬 수 있는지, 그래서 더 괜찮은 삶을 살 수 있는지를 확인할 수 있는 삶의 점검자 역할을 해준다. 그저 독자들이 원하는 책을 제대로 만나서 오랫동안 꾸준히 즐겼으면 좋겠다.

강연이나 특강의 주최자나 관계자들을 만나서 기획할 때 나는, 웃으면서 엄청 재미있고 웃긴 사람이라고 말한다. 대부분의 관계자가 함께 웃는다. 아마 글을 쓰는 잔잔하고 단조로워야 할 작가가 스스로를 재미있는 사람이라고 말해서 의외성의 웃음도 있을 거다. 강연을 하러 가서 단발머리에 안경을 쓰고 작가처럼 생겼을 거라 생각했는데 의외라는 말도 많이 들었다. 글에 대한 편견, 책에 대한 편견, 글을 쓰는 사람에 대한 편견이 여전히 존재하지만, 작가는 어떻게 생겨야 하는지는 잘 모르겠지만, 이미 정해져 있는 선입견과 편견들을 편안하게 웃으면서 깨고 어쨌든 작가처럼 생긴 사람으로 늙어가고 싶다.

## 주변에 좋은 사람만 있어도 지친다

세상은 감당할 수 있는 만큼을 정하면서 사는 것이다. 성장, 배움, 깨우침 모두 내가 감당할 수 있을지를 정하는 데서부터 시작되고 마무리된다. 살면서 일어난 힘든 일과 어려운 일들을 감수하면서 사는 게 아니라 어떤 사람을 얼마나 만날지, 어떤 일을 얼마나 처리할지, 어떤 물건을 얼마나 살지 나 스스로 결정하며 그 테두리 안에서 해내면서 살아가야 한다. 삶에서 사람이 가장 중요하고 좋은 사람 한두 명만 있어도 잘 살아왔다는 말도 있지만, 그 한두 사람에 흔들릴지도 모를 삶이 과연 안정적일 수 있을까.

좋은 사람이 주변에 많으면 그 사람들과 함께 좋은 일만 하고 좋은 말만 들으면서 살 수 있을 것 같아도 주변에 좋은 사람만 있어도, 좋은 사람이 많이 있어도, 그 속에서도 분명히 지친다. 좋은 게 좋은 것이란 말이 있다. 역설적으로 나쁜 건 또 나쁜 것이라는 진짜 현실도 있다. 늘 기뻐하고 웃을 일만 있어서 행복하기 만하다면 모든 것을 만족하는 삶을 살면 우린 완벽하게 행복할까. 사람들은 삶을 사람으로 증명하려 하는데, 삶이 흔들릴 때 주변에 어떤 사람이 거쳐 지나갔는지, 남아 있는지를 찬찬히 돌이켜보면서 내가 살아온 삶을 돌아볼 수 있다. 좋은 사람과 함께한 기억, 추억만으로도 우린 제법 잘 살았다고 말할 수 있다.

그러면서도 우리는 충분히 기뻐하면서 제법 잘 살고 있으면서도 지친다. 좋은 사람들 곁에서 기뻐하기만 해도 지친다. 기쁨에 지치는 게 좋은 사람을 곁에 두고 지치는 게 힘들고 스트레스를 받는 일보다 오히려 더 위험할지도 모른다. 좋아하는 일을 하다가, 기쁜 일에 지쳐가는 건 기쁨과 함께 오기에 더 알아차리기 힘들다. 사람들과 함께 있다가 잘 놀고 집에 들어와서 느끼는 공허함, 좋아하는 일을 하는데 이 정도는 참아야지 했던 자위적 위로, 편안함을 찾으려는 외로움을 스스로 설명하고 받아들이는 데도 많은 생각과 에너지가 필요하다.

여기서 한 가지 확실한 건 그러면서 성장한다는 것이다. 혹시 지금 삶이 힘들고 지쳐 있다면 불행해서라고는 생각하지 말자. 기뻐도 지치고 슬퍼도 지치고 힘들어도 지친다. 어차피 사는 건 에너지를 소진하는 일이니 지쳤다는 건 쉬어갈 필요가 있다는 신호일 뿐이다.

특강을 진행하다가 '저는 자신감이 없어서 말을 잘할 수 없어요.'라는 말을 들을 적이 있다. 자신감 없고 자존감이 낮아서 말을 잘하지 못한다고. 그래서 자존감이 무슨 뜻인지 알고는 있냐고 물었더니 잠시 생각하더니 잘 모르겠다고 했다. 그런데 자존감이 낮은 건 말이 되냐고. 최소한 자존감의 뜻은 알고 자존감이 낮다고 말해야 하지 않을까. 말문이 막혔던 상황이 몇 번 반복된다고 자존감이 낮아지는 건 아니다. 아마 평소에 적극적으로 나서지 못하고 잘 결정하지 못하는 소심한 성격을 자존감이 낮다고 표현한 듯하다. 말이 꼬인다면 웃고 넘기면 되고 혹시 실수한다면 양해를 구하면 된다. 실수가 반복된다면 그건 잘못이겠지만 문제점을 인식했으니 개선하면 된다. 모르고 있는 문제점이 진짜 문제이지, 아는 문제점이야 지금부터 노력해서 고치면 된다. 그 친구는 특강이 끝나고 글이 써보고 싶다고 했다. 이날의 장면만 잘 써봐도 자신감과 자존감의 차이점과 자신이 정말 자신감이 없는지, 자존감이 낮은지 알 수 있을 것이다.

조금 대범해져 보는 건 어떨까. 사람들은 살면서 가끔은 치밀하고 정확한 계산보다 '어떻게든 되겠지.' 하는 마음 근육이 필요할 때가 있다. 어떻게 되든 결과를 책임지고 성실하게 살아가도 된다는 믿음으로 행복 근육을 키울 수 있길. 좋아하는 일에 한없이 기뻐하고, 힘든 일에는 충분히 슬퍼하면서 그 과정을 이성적으로 기억할 수 있길. 그러면서 나 자신을 믿고 주변 사람들을 믿을 수 있길. 주변에 있을 좋은 사람들을 지키고 기억하기 위해서라도 글을 써야 한다. 좋은 사람들을 한 사람, 한 사람씩 써보고 기록하면 그 사람도, 에너지도 충전할 수 있다. 충전하기 위해서 쓴다.

## 내 인생의 판은 나만 짤 수 있다

글을 쓴다는 건 생각의 판을 짜는 일이다. 우리가 글을 잘 쓰지 못한다고 생각하는 건 생각의 판을 짜는 걸 어려워한다는 뜻과도 같다. 인생의 판을 짜는 일은 대단한 일이다. 생각대로 살고자 노력한다면, 우리가 생각대로 살면 내 인생의 판 정도는 스스로 짤 수 있게 된다.

그러면 내 인생의 판을 짤 가장 좋은 시기는 언제일까? 일단 초중고는 졸업해야 할 것 같고 스무 살도 인생의 판을 짜기에는 너무 어리다. 첫 직장으로 첫 출근을 할 때? 그때는 일에 적응하는 게 더 중요하기 때문에 적절하지 못하고 연애를 시작할 땐 사랑을 배우기에도 버겁다. 서른이 되면? 서른은 어른을 준비할 때고 마흔에 짜기엔 늦은 감이 있다.

내 인생의 판을 짜기 적정한 시기는 글이 쓰고 싶은 순간이 아닐까? 그리고 글을 쓰면서 가장 잘할 수 있는 일 아닐까? 생각하고 정리하고 찬찬히 써보고 나 자신을 돌아보며 교훈을 얻는 것, 그 교훈의 주인공이 되는 게 내 인생의 판을 스스로 짜는 것이다. 우리는 어른이 되고 하고 싶은 일보다 해야 할 일을 더 많이 하고 살기에, 혼자가 아니라 함께 살아가기에 생각의 판을 짜는 게 힘들고 어려운 건 당연하다. 어렸을 때야 아무것도 없는 인생에 아무 판이나 짜는 게 가능했지만, 지금은 어느 정도 형성되어 있는 판 사이사이에 그와 어울릴 만한 크기가 다른 판을 짜서 끼워 넣어야 한다. 그것도 지금의 판을 무너트리지 않으면서 힘을 너무 많이 들이지 않으면서.

나이를 선택하고 태어나 평생을 살 수 있다면 생각의 판 따위 무시하고 그저 그 나이에 해야 할 일만 하면서 살면 된다. 그렇게 산다면 나이답게 사는 건 그리 어렵지 않을 거다. 지구는 돌고 밤낮은 바뀌고 세월은 흐르고 시대는 변하고, 거기에 나이까지 들면서 그 나이대에 해야 할 일이 달라지고 가족이 생기고, 건강이 나빠지면서 책임질 일이 많아지니까 삶이 버거운 거 아닐까. 살아온 시간을 돌아보면서 삶의 가치관, 삶의 방향으로 인생의 판을 짜는 일이 절대 쉬울 리 없다. 쉽게 짜여진 판은 쉽게 흔들린다. 세상엔 정말 많은 단어와 문장이 있기에 천천히 하나씩 하다 보면 못 할 일도 아니다. 반성이란 이렇게 하는 거 아닌가 싶다.

내 인생을 돌아보고 싶을 때, 살다가 무언가 잘못되고 있다는 걸 느낄 때 가장 효과적으로 반성하는 방법이 글쓰기다. 특별히 인생의 계획을 세우지 않아도 과거의 나를 제대로 써 내려가다 보면 어떻게 살아왔는지 알 수 있다. 언제 기뻤는지, 언제 슬펐는지, 어떤 사람과 잘 맞는지 정도만 알아도 생각보다 행복해진다. 어차피 내일도 비슷하게 시작할 내 인생의 판은 치밀하게 짤 필요가 없다. 내가 짜기만 하면 된다.

글쓰기 수업을 시작할 때 글을 잘 쓰고 싶은지 묻는다. 그러면 보통은 '네.' 하고 대답한다. 열이면 열, 모두 그랬다. 그때 다시 '왜요?' 하고 물어보면 대부분 대답하지 못한다. '그러게, 왜지? 어? 왜 잘 쓰고 싶지?' 하고 혼잣말처럼 또 되묻는 말이 작게 들리기도 한다. 물론 나도 잘 쓰고 싶은 구체적인 이유를 듣기 위해서 질문하는 건 아니다. 그저 '네.'라고 대답한 사람이 '어? 내가 왜 글을 잘 쓰고 싶어 하지?' 하는 생각을 해보길 바란다. '적어도 잘하는 게 좋으니까, 무조건 잘해야 하니까, 당연히 잘 써야 하니까.'라는 생각을 하고 있었다면 한 번쯤 그 생각을 의심해보길 바라면서 되묻는 거다. 아마 글을 잘 쓰고 싶다는 단순한 생각을 넘어 인생의 판을 짜보고 싶다는 더 근사한 생각을 하고 있을지도 모른다.

글쓰기 수업을 하는데 70대 정도로 보이는 어른이 참여하셨다. 그분에게 왜 글을 쓰려고 하시냐고 물었더니, 앞으로 어떻게 살아야 할지, 뭘 해야 할지 생각해보기 위해서 쓴다고 하셨다. 정말 감동적인 대답이었다. 당연히 연세가 있으시니까 살아온 날을 정리해보려고 글을 쓰고 싶다고 할 줄 알았다. '그렇죠. 글을 쓰면 삶을 정리하는 데 정말 도움이 돼요, 내가 몰랐던 걸 깨우칠 수 있고 살아 온 날을 진정으로 돌아볼 수 있어요.' 하는 그럴듯한 대답도 준비했다. 앞으로 미래를 개척하고자 하는 분께 섣불리 말을 했다면 실례가 되었을지도 모르겠다. 100세를 넘어 사는 시대로 가고 있으니 아직 30년도 더 살아갈 날이 남아 있으시다. 이미 마음은 건강하시니 몸의 건강을 챙기시면서 계속 미래를 계획하셨으면 하고 바라본다. 나이에 상관없이 오늘 밤 잠들며 내일을 계획하고 그 계획이 내일을 기대하는 마음이 되어 꿈꿀 수 있길.

글이 쓰고 싶어졌다는 의미는 사람마다 다를 거다. 결혼하면서 자신의 꿈을 접고 아이를 키우고 주부로 살아가고 있는 친구가 말한 글이 쓰고 싶다는 건 나 자신을 찾고 싶다는 뜻 아닐까. 내 삶에서 나의 부재가 느껴질 때가 있다. 잊고 사는 나 자신을 찾고 싶은 순간이라는 의미다. 나의 하루에 나는 없음을 찐하게 느꼈다는 의미다. 사람은 과거의 기억을 잊으면서 살고 또 지금을 살면서도 과거의 나를 잊는다. 나를 잊어내면서 일상을 살아내고 버텨낸다. 좋아하는 것을 잊고 감정을 잊고 이름을 잊고, 잊은 줄도 모르고 최선을 다해서 살아간다.

어른들을 대상으로 글쓰기 수업을 할 때 자신의 이름을 쓰고 이름의 뜻을 써본 적이 있다. 자신의 이름을 쓰면서 눈가가 촉촉해지는 분들이 많다. 엄마에게, 아빠에게, 할머니께, 그리고 할아버지께 당신의 이름은 무슨 뜻인지 물어보자. 그리고 한 번쯤은 손으로 직접 써보며 이름의 뜻을 상기시킬 수 있도록 도와드리자.

살다가 문득 내가 뭘 좋아했는지 기억나지 않을 때가 있다. 나도 15년 동안 회사생활을 할 때는 글쓰기를 좋아했다는 걸 잊고 살았다. 회사에서 글을 조금 잘 쓰는 건 특별한 재주도 아무것도 아니었기에 나 자신도 무시하기 딱 좋았다. 사람들은 책을 좋아하는 성향이 보수적이고 내성적이며 고집 있는 나를 사회로부터 고립시킨다고 말했다. 외로움의 이유가 혼자서 책을 보고 글을 쓰기 때문이라고도 했다. 이런 말들을 수용하는 것도 사회생활을 유연하게 하는 방법 중의 하나였다. 퇴사 후 글만 쓰는 삶을 살면서 책을 읽고 글을 쓰는 건 사회로부터의 고립이 아니라 나 자신에게 집중하고 과거의 나를 찾아가는 길임을 알게 되었다. 어떻게 자신의 성향도 모르냐고 말하겠지만 사람은 누구나 자신의 성향을 착각하기도 한다. 좋아하는 줄, 싫어하는 줄 알았지만 온전히 나만의 감정이 아닌 타인이 명명해준 사회적 취향이었다.

20대 때부터 영화를 즐겼다. 연애하면 영화관 데이트를 했고 보고 싶은 영화를 기다리기도 했다. 대한민국 천만 명이 봤다는 영화는 찾아가서 봤다. 친구랑 대화하다가 '영화 싫어하는 사람이 어디 있어?'라는 말을 들은 적 있는데, 이때 살짝 갸우뚱하다가 수긍했다가 고민하다가를 반복했던 적이 있다. 코로나19로 카페 출입에 제한이 있었을 때는 민주주의와 자유를 외치며 분노했다. 카페에서 글을 쓸 수 없는 삶을 상상할 수 없었다. 도대체 뭘 하며 살아야 하나, 어떤 감옥에 갇힌 기분이었다. 하지만 영화관을 가지 못하는 건 그 어떤 분노도, 감정변화도 일으키지 않았다. 그렇다고 넷플릭스나 유튜브를 즐기지도 않는다. 어떤 영상을 챙겨보지 않아도 멀쩡하게 살 수 있다는 걸 깨닫고 나서야 새삼 나는 화면에 가득 찬 장면을 즐기는 사람이 아니라는 걸 깨닫고 인정하게 되었다. 영화를 함께 보러 가는 사람이 좋았고, 친구들과 그 영화를 함께 이야기하는 게 좋았고 이야기에 끼고 싶었던 거라고. 그저 순수하게 영화를 보는 걸 좋아하지 않는다는 확신이 들고서야 다른 사람에게 영화를 좋아하지 않는다고 말할 용기가 생겼다.

언젠가 시나리오도 써보고 싶어 마치 문제집 풀 듯 드라마나 영화를 본다. 화면 밖의 마이크나 조명, 감독의 컷소리가 상상되어 영화의 어떤 장면에 진한 감동을 받진 못한다. 그래도 타인이 명명해준 영화를 좋아한다는 사회적 취향보다 영화에 제대로 감동을 받지 못하는 삶이 훨씬 더 좋다. 적어도 내가 명명한 개인적 취향이니까.

## 글 쓰고 달라진 시간 사용법

결혼하면서 인생이 끝에서 끝으로 이동했다. 제1의 인생의 끝에서 제2의 인생의 시작으로 이동하는 데 평탄할 리 없다. 결혼을 앞둔 30대 초반, 그때까지 못 하는 게 없는 사람이었다. 특별히 실패한 적도 좌절한 적도 없었고 내가 선택한 것에 최선을 다했다. 원하는 만큼 성과를 내었으니 그 과정을 즐길 수 있었다. 불평, 불만이 많았지만 성취감이 더 컸다. 회사에서 인정을 받고 일 잘하는 직원이라 불리는 게 자존심을 지켜주었다. 평소 책을 많이 읽었고 말을 잘하고 글을 잘 썼으니 기획안이나 보고서는 늘 쉽게 쓰고 잘 썼다. 회계와 세무 학원을 다니며 돈 공부, 그룹스터디로 경제 공부를 했다. 신문방송학 전공 콤플렉스로 경영대학원도 준비했다. 회사에서 바로 써먹을 수 있는, 필요에 의한 공부가 재미있었고 다른 자격증을 따면서 나의 가치를 높였다. 피부가 안 좋아졌다 싶으면 피부과를 가고 살이 쪘다 싶으면 굶어서 다이어트를 했다. 과정보다 결과를 중시했고 결과를 위한 과정을 밟았다. 과정이야 어떻든 결과면 충분했다. 결과론적으로 봤을 때 세상에 마음대로 되지 않는 일도 어려운 공부도 마음대로 되지 않는 사람도 없었다.

부모님은 서른이 넘어가자 결혼하길 바랐는데 결혼식엔 관심 없고 결혼 생활에는 자신이 있었다. 나처럼 허례허식을 꿈꾸지 않는 현실적인 사람이 결혼하면 잘 산다는 확신이 있었다. 이론적으로 결혼은 혼자서 하는 게 아니라는 걸 알았으면서도 내가 잘났으니 자신 있었다니, 억지 자존심을 장착하고 결혼했다. 결혼에 대한 환상 따위 없으니 다 잘해 낼 줄 알았다. 사회에서도 차별, 구별을 받아봤으니 인내심도 자신 있었다.

이럴 때 자존심은 마치 당연하다는 듯 상황을 극한으로 몰아간다. 지금 생각해보니 가장 과하고 넘쳤던 시기인 것 같다. 연습 없이 각오 없이 다짐 없이 그러니까 특별한 대책 없이 결혼한 후 내가 살림을 정말 못한다는 것을 깨닫게 되었다. 살림이 어렵고 힘들고를 떠나 하고 싶지 않아도 해야 할 일이 있다는 걸 깨닫고 심지어 그걸 정말 못함의 인정이 자존심 상했다. 태어나서 처음으로 나의 무능함을 경험했다.

유능해지고 싶어서 불행했다. 결혼 생활은 멀쩡한 불행과 쓸모없을 행복이 숨겨져 있는 제비뽑기 같다. 지금까지 철저하게 살아왔던 삶과 너무 다른 방향이고 처음 느껴보는 삶의 불만족이었다. 나의 퇴근 시간은 5시, 짝꿍의 퇴근 시간은 7시. 저녁밥을 먹고 싶지 않아도 좋아하지 않는 요리는 했다. 쇼핑은 옷과 화장품이 다였던 내가 양파와 감자를 사고 장바구니를 들고 퇴근했다. 죽을 만큼 힘든 일은 아니기에 못 할 일은 또 아니었고, 그 누구도 시키지 않았지만 내가 하기 참 좋은 상황이 이어졌다. 요리를 못하니 유튜브 영상으로 레시피를 찾았다. 시간을 아주 아주 많이 들이면 흉내 정도 낼 수 있는 나의 요리 실력, 검색하고 레시피를 보며 요리해도 모든 양념을 다 때려 넣어야 직성이 풀리는 짝꿍, 나보다 늦은 퇴근, 요리는 내가 하는 게 사회적, 상황적으로 정해졌다. 나도 내가 하는 게 차라리 속은 편했다.

출근하고 퇴근하고 마트에서 장을 보고 요리를 하고 짝꿍과 마주 앉아서 밥을 먹고 치우고 청소하고 잠들고를 3년 정도 반복했다. 반복되었다는 수동적인 표현이 더 맞을까. 그 누구도 강요하지 않았는데 잔뜩 화난 아내가 되어 퇴근한 짝꿍을 밥상에 앉혀놓고 맛있다고 말하라고 강요하면서 짜증만 내는 사람이 되어갔다. 내가 이렇게 짜증을 잘 내는 사람이었다니. 내가 모르던 나의 모습이었다.

결혼 후, 살림에 매달리던 나의 시간은 이상하게 흘러갔다. 아침 6시 반에 일어나서 8시까지 출근하고 업무를 하다가 12시에 점심을 먹는다. 유일하게 나를 위한 시간이 있다면 아침 8시에서 8시 반, 습관처럼 커피를 마시던 그 시간이다. 12시에 밥을 먹으면서 남이 해주는 밥이 얼마나 맛있는지를 실감하면서 하루의 첫 끼를 먹었다. 입으로 들어가는 반찬들을 보면서 이건 어떻게 만들지, 저녁에 한 번 해볼까, 집에 냉장고에 뭐가 있었더라 따위의 생각을 한다. 오후에도 업무를 하는 내내 저녁 반찬은 뭘 할까, 레시피를 찾아보고 머릿속으로 요리 시뮬레이션을 돌렸다. 퇴근하고 마트에 들러 저녁 재료를 사고 집 가서 요리하면서 짝꿍을 기다렸다. 짝꿍이 오면 김이 모락모락 나는 밥과 보글거리는 찌개를 대령해놓고 맛있다고 말하라고, 맛있게 먹으라고, 설거지는 본인이 하겠노라고 웃으면서 다정하게 말하라고 강요하는 엄마 같은 주부가 되어 짝꿍을 바라보고 있었다.

요리하고 설거지를 하고 청소를 하고 정리를 하면 그렇게 나를 위하지 않았던 나의 하루가 흘러가고 없어졌다. 매일을 울었다. 울고 있는 나를 보며 짝꿍은 왜 우냐고 물었고 도저히 살림을 못 하겠다고 불행하다고 말했는데 짝꿍은 안 하면 되지 왜 우냐고 이상하고도 현명한 결론을 내어주었다.

다음 날부터 저녁을 포기했다. 퇴근 후 카페로 향했고 좋아하는 커피를 주문해놓고 며칠을 멍 때렸다. 심신이 어느 정도 가라앉으면 언제 그랬냐는 듯이 심심해진다. 적당히 괜찮아졌다는 신호다. 심심하고 머릿속은 복잡하고 한번 쓰고 싶어서 백화점에 가서 노트북을 샀다. 기능, 사양, 신상인지 중요하지 않으니 매장에서 가장 예쁜 노트북을 보여달라고 했다. 직원은 창고 깊숙이에서 색깔 때문에 안 팔려서 오랫동안 창고에 박혀 있었던 보라색 노트북을 꺼내주었다.

나는 썼다. 쓰고 또 썼다. 정말 멈추지 못해서 계속 썼다. 글을 쓰면서 쓰는 이유가 생겼다. 글을 쓰면서 쓸 이유를 찾았다. 그 이유는 스스로 찾아졌다. 글 속에서 회사 일과 집안일을 완벽하게 잘해놓고 미래 준비와 노후 준비까지 철저히 하고자 허우적거리고 있으며 우아하게 늙어가는 짝꿍과 미래의 아이, 부모님과 시부모님께 효도하며 해외여행을 보내드리겠노라 죽어라 현실을 망각하는 나 자신을 발견했다. 아, 집 사고 땅 사고 건물 사고, 심지어 10년 후에는 일도 하지 않았다. 다른 사람의 시선도 신경 쓰고 있었다. 잘 사는 모습을 보여주고 싶었다. 결혼했지만 독립하지 못한 딸, 짝꿍에게 지기 싫어하는 아내, 사회생활의 불평등을 운운하며 불평, 불만을 늘어놓는 피해의식 있는 직장인도 있었다. 내가 쓴 글을 내가 읽는데도 버거웠다. 현실이 그랬다. 내가 미역국이 가득 든 냄비를 냉장고에서 떨어뜨리고 울었던 진짜 이유였다.

이야기는 이야기를 가져오고 감정은 감정을 끌어왔다. 확인하고 증명하기 위해 썼다. 언젠가 휘발되어 버렸을, 의도적으로 버렸을, 버티려고 외면했던 생각을, 자존심에 가려두었던 버거운 현실을 받아들였다. 글을 쓰며 울었던 건 냉장고 청소하며 변기 청소하며 울었던 눈물과는 확연히 달랐다. 울면서 알았다. 우선 모두 다 적고 정리하기로 했다. 쓰기만 해도 정리되고 정리된 글을 보면 비울 수 있다. 제대로 적힌 나를 보아야 비로소 제대로 비울 수 있다. 글쓰기에서 제대로의 같은 말은 솔직함이다. 그래야 다짐할 수 있다. 천천히 비워졌다. 자존심과는 아무 상관없는 일이었다. 그렇게 6개월을 썼다.

글을 쓰고 나서부터 내 하루의 시계는 완전히 다르게 흘렀다. 출근 후 오전 업무에 집중하고 점심밥도 맛있게 먹었다. 저녁에 무슨 반찬을 하지, 냉장고에는 뭐가 있지 생각하지 않으니 점심은 마음 편하고 맛있었다. 기분 좋은 마음으로 오후 업무를 시작할 수 있었다. 요리 레시피를 검색하지 않아도 되기에 일에 더 집중할 수 있었다. 업무를 제대로 마무리하고 퇴근할 수 있어서 일에 대한 보람을 느끼면서 퇴근했다. 회사에서 보내는 시간이 나만의 쉼과 만족감으로 조화롭게 흘렀다.

퇴근 후, 차에 타고 시동을 켜는 그 순간부터 나만의 시간이 시작된다. 그렇게 하루는 기분 좋게 이어졌다. 카페로 가서 글을 쓰는 건 나를 돌아보는 시간, 완전하고 오롯한 나만을 위한 시간이 되었다. 집으로 돌아가는 길이 가볍게 신나고 집에서 만난 짝꿍은 반갑고 사랑스러웠다. 여기서 더 반전은 짝꿍은 저녁을 하지 않는 나를 더 사랑한다는 거다. 본인도 회사에서 돌아오면 아무것도 하기 싫고 컴퓨터 게임이나 하고 팬티 바람으로 TV나 보다가 치킨이나 시켜 먹고 싶은데 내가 저녁상을 차려놓고 식기 전에 먹으라고 강요했으니 마음이 편치 않았던 거다. 시간이 지나고 먼저 퇴근했으면서 저녁을 해주지 않는 나에게 서운하지 않냐고 물었는데 짝꿍은 내가 행복하길 바란다고, 집에서 내가 웃고 있어서 좋다고 말했다. 기분 좋게 잠들고 편안하게 눈뜨는 아침, 나의 하루와 나의 가족은 모두 달라졌다.

세상에 아무것도 바라지 않고 내가 행복하길 바라는 사람이 부모님 말고 또 있다는 걸 그때 처음 알았다. 억울한 마음으로 저녁을 계속 차렸다면, 살림을 그만두고 카페로 향하지 않았다면, 노트북을 사지 않았다면, 심심하지 않았다면, 써보지 않았다면, 마주하는 불편한 진실에서 도망갔다면 절대 알 수 없었던 짝꿍의 사랑이었다. 스스로 역할과 책임을 만들어 나 자신을 구겨 넣어 어떤 피해자가 된 것처럼 틀에 갇혀 살던 시간을, 글을 써보고 확인하고서야 그 틀을 해체할 수 있었다.

술을 마시고 여행을 떠나고, 친구들과 결혼 참 별로다, 너는 하지 말라고 한탄하는 사람들도 많다. 그 순간은 잠깐 시원했을지도 모른다. 그런 사람들은 자신이 결혼 생활에 만족하는지 그렇지 않은지도 모른 채 다시 그 틀로 스스로 걸어 들어갔을 거다. 다들 그렇게 살고, 결혼하면 그렇게 살아야 한다는 말에 약간 위로받고 마음을 다잡고 다시 그 틀에 갇히고 탈출하고를 반복했을지도 모른다.

분명한 건 글로 찬찬히 써보았기에 어떤 부분이 과한지, 어떤 부분은 부족한지, 그럼에도 불구하고 곁에 있는 소중한 사람은 누군지 알 수 있었다. 나에게 틀이 있다는 걸 인식하고 인정하고 받아들이는 건 오롯이 내 몫이라는 것까지 깨닫게 된다. 아마 글을 써보지 않았다면 이런 짝꿍의 마음을 끝까지 모르고 살았을 거다. 한 집에서 예민하게 구는 나의 영향을 받을 테니 평생 짝꿍을 나쁜 사람으로 살게 하지 않았을까. 글을 쓰면서 나는 부정적인 감정을 보내주고 있었고 스스로 알아차리고 있었다.

지금도 가끔 나도 모르게 타인에게 어떤 강요를 하고 있지 않나, 나 스스로 틀을 만들진 않았나, 점검해본다. 결혼이 사람을 어른으로 만들어주긴 해도 절대 공짜는 아니라고. 함께 늙어가며 우리가 앞으로 이루어갈 사랑의 모양과 형태는 더 다양해질 것이다.

내가 글을 쓴 이후부터 우리는 언성을 높이지도 싸우지도 않으면서 행복하게 살고 있다.

## 공감하고 기억하기 위한 글쓰기

여전히 글을 잘 쓸 필요는 없다고 생각하지만, 나에게도 글이 잘 써지는 시간이 있다. 그러니까 내가 말하는 잘 쓴 글은 쉽게 나오는 글을 말한다. 손가락보다 빠르게 머릿속에 생각이 지나가는 날에는 그날은 글이 잘 써지는 날이다. '잘 쓴 글'보다는 '잘 나온 글'이라는 표현이 더 정확하겠다. 누구나 와~ 대박 잘 썼다고 평가받는 글이 아니라 손가락이 생각을 따라가지 못하는 상태. 머릿속 생각이 날아갈까 안달 나는 그런 글을 말하는 거다.

나는 보통 오전에 글이 잘 나온다. 저녁에 써야지, 하면 안 써진다. 아무리 사회생활을 해도 변하지 않는 내향적 성향, 아침부터 꾸준히 내리막을 타는 에너지는 보통 저녁 6시가 넘으면 다 고갈된다. 고갈된 에너지로는 어떤 결정도 판단도 시도도 하지 않는다. 끼니를 잘 챙겨 먹은 날은 조금 낫다. 보통은 한 끼 정도만 제대로 챙겨 먹는데 저녁쯤이면 손이 떨리고 눈 밑이 떨리고 사고는 이미 정지되어 있다. 이 컨디션에 글이 잘 나올 리가 없다. 말을 많이 하고 온 날은 머릿속에 생각이 빙글빙글 돌고 있다. 삼켜지지도 결정하지도 못한다. 말을 하면서 느낀 나만의 알아차림과 깨우침은 집에 오는 길 운전하면서 머릿속에서 조용히 정리되어 몇 문장으로 남아 있기도 하다. 잊어버리기 아까운 문장은 짧게라도 메모해 둔다. 내일 아침에 일어나서 글로 써보려고. 저녁에 머리에서 빙글빙글 돌았던 생각은 진하고 묵직한 문장이다. 내일 아침에 노트북을 열어 몇 문장을 더하면 좋은 글이 될 것이다. 이럴 때 어떤 글이 나올지 호기심이 생기고 약간의 설렘이 일렁인다.

예전엔 노트북으로 명확하게 남기는 게 좋았다. 녹음은 온전한 글이 될 수 없으니 속도로 치면 노트북이 가장 빠르다. 요즘은 손으로 쓰는 편이다. 수첩을 챙기고 종이에 볼펜으로 한 글자, 한 글자씩 적어본다. 부쩍 손글씨 쓰는 게 재미있다. 손글씨를 쓰면 학생 때 친구들과 교환일기 쓰던 기억과도 연결되어 어딘가에 맺혀 있었던 추억들이 떠오른다.

등산하고 나면 글이 잘 나온다. 역시 생각이 많을 때는 몸이 힘들어야 한다. 그래야 머릿속을 비울 수 있다. 생각을 없애는 생각. 요가를 하고 명상을 하며 머리를 비우라는데 나에게는 영 먹히지 않는다. 몸이 힘들어 죽을 거 같으면 복잡한 생각은 어디에 갔는지 살고자 하는 생존본능에만 충실하게 된다. 산을 올라갈 때는 정말 힘들어서 죽을 것 같다는 생각만 한다. 정상을 찍고 죽지 않고 살아 돌아 내려오면 웬만한 걱정들이 다 정리되어 있다.

걱정과 생각을 없애는 건 불가능하다. 머릿속은 수많은 생각으로 가득 차 있고 더 자극적인 생각으로 익숙해진 생각을 덮을 뿐이다. 작은 걱정을 없애는 법은 큰 걱정을 하는 것이라고. 이렇게 우리는 익숙한 것들의 소중함을 잊고 산다. 익숙한 것들은 자극적이지 못해서 자극적인 게 진짜 소중함이 아니라는 걸 알면서도.

해주고 싶은 말이 있을 때 글이 잘 나온다. 그러니까 누군가를 사랑하게 되면, 아끼고 싶은 사람이 생기면 글이 잘 나온다. 사랑하는 만큼 나온다. 주변에 힘든 일이 있다고 고민 상담을 해오면 글이 잘 나온다. 나도 한때는 글보다 생각이, 생각보다 말이, 말보다 감정이 앞서는 사람이었다. 지금은 글을 쓰고 출간을 통해서 그때의 과거가 마치 한 편의 영화인 것처럼 받아들이고 이야기할 줄 아는 사람이 되었다고 생각한다. 성장보다 더 중요한 삶의 가치이다. 더 공감하고 더 기억하기 위해서 계속 쓴다.

글을 쓰면 잊고 있었던 것까지 기억해 낼 수 있다. 내가 원하는 이야기로 재구성할 수 있다. 누구의 말은 옳고, 누구의 말은 틀렸던 과거를 모두 다 틀리지 않았다는 걸 스스로 증명할 수 있다. 나는 하고 싶은 말을 다 하지 못하고 참아야 할 때, 머릿속으로 하고 싶은 말을 천천히 되뇌는

버릇이 있다. 답답해서 하는 습관 같은 거다. 하고 싶은 말을 다 꺼내서 하는 것보다 인내하고 머릿속으로 굴리는 게 현실적으로 더 옳을 때가 많은데 그럴 때마다 하고 싶은 말을 머릿속으로 굴린다. 그렇게 굴러다니던 단어와 문장 중에 제법 마음에 드는 건 메모하고 메모를 보면서 '와, 내가 이런 생각을 하다니.' 하면서 감탄하면 힘들고 답답했던 감정은 금방 생각으로 바뀌어 날려버릴 수 있다.

감정을 생각으로 바꾸고 생각을 다시 말로 바꾸고, 그 말을 글로 표현하는 과정은 꽤 멀게 느껴진다. 글을 쓴다는 건 다음 생각을 기다리는 과정이다. 한 줄이라도 써놓아야지 다음 생각을 떠올릴 수가 있다. 어떤 문장을 써놓으면 놀 때도 밥을 먹을 때도 커피를 마실 때도 친구들과 수다를 떨 때도 심지어 잠을 잘 때도 뇌는 다음 생각을 해놓는다. 어떤 문장을 한번 읽고 다시 그대로 적어본 적이 있다. 문장을 눈으로 보고 머리로 외운 뒤, 똑같이 적을 수 없었다. 문장을 사진 찍듯 그대로 외워 적지 못하고 내용을 이해한 대로 쓰거나 조사를 틀렸다. 결국 다 실패했으니 그대로 적어본 적은 없는 거다. 머릿속에서 비슷한 느낌, 결, 비슷한 단어들이 이것저것 떠올랐지만 결국 완전히 똑같이 외워서 쓰진 못했다. 난 참 외우는 걸 못 하는데, 외우는 걸 못 하는 만큼 이해하고 상상하고 창의하는 건 잘한다. 하지만 똑같이 적어내는 문장보다 내가 써낸 문장은 훨씬 더 분량이 많았고 재미있는 '나의 글'이 되었다. 잘하는 걸 하자.

## 1년에 한 번씩 이력서를 업데이트하라

회사에 입사하기 전부터 우리는 글쓰기 실력을 들키고 시작한다. 이력서에는 살아온 인생이 담겨 있고 자기소개서에는 업무 역량과 참여했던 프로젝트, 일을 대하는 태도와 성향이 고스란히 드러난다. 입사와 퇴사를 차치하고 말하자면 자기소개서는 일상이 아닌 직무적 에세이다. 이력에서 요구되는 스펙과 자격증, 경험과 더불어 자기소개서의 맞춤법, 띄어쓰기, 문장을 완성하는 능력 또한 평가 대상이다. 이력이 있어야 이력서가 가득 채워지고 대단한 업무 경력이 있어야 훌륭한 자기소개서가 완성된다고 생각하지만 글쓰기만으로도 꽤 그럴듯한 이력서와 자기소개서를 쓸 수 있다.

이력서와 자기소개서에는 나의 실력만큼 회사에서 어떻게 업무를 받아들이고 공부하며 노력할 사람의 마음 자세도 아주 중요하게 본다. 참여했던 프로젝트를 단순히 나열하는 것보다 하나의 프로젝트에서 어떤 활약을 했고 어떤 실적을 냈으며 나의 역할이 무엇이었는지 일목요연한 문장으로 나타내면 훨씬 더 장점을 부각할 수 있다. 이력서에도 이야기와 감동 포인트는 필요하다. 막연히 열심히 하겠다는 문장보다 열심히 했던 일들을 구체적으로 보여주고 강점을 강조하면 일을 대하는 태도를 훨씬 효과적으로 보여줄 수 있다.

안타깝게도 그 상황에 최선을 다해 매우 중요한 역할을 담당했더라도 제대로 적어내지 못하면 소용없다. 기억하지 못하고 글로 풀어내지 못해서 손해 보는 순간이다. 나이가 들고 현실에 안주하다 보면 이력서를 다시 쓰기 귀찮아서 지금의 회사를 계속 다닌다는 사람도 많다. 새로운 것들을 배우려 노력하겠다, 열심히 하겠다, 최선을 다하겠다는 말이 잘 나오지 않으니 자기소개서가 잘 써지지도 않는다. 나도 연차가 쌓여 더 좋은 곳으로 이직하기 위해 이력서를 고칠 때가 있었다. 회사를 위해 희생하지 않을 것이며 월급 주는 만큼 일하겠다는 문장을 대놓고 쓰진 못해도 열심히 무엇이든 배우는 마음으로 최선을 다하겠다는 문장을 써야 하는데, 참 빈말로라도 잘 써지지 않더라. 확실함이 아닌 가능성에 도전하기 싫고 나를 알리는 데 힘 빼지 않고 인정해주는 사람만 만나고 싶어진다. 이래서 이직이 힘든 걸지도 모르겠다. 사람들은 그런 방식으로 현실에 매달리기도 한다.

직장생활을 할 때, 관리부서의 책임자가 되어 이력서와 자기소개서를 받아본 적이 있다. 생각보다 글씨를 틀리고 앞뒤 문맥이 맞지 않는 이력서와 자기소개서가 정말 많다. 과연 자체적으로 검토하고 다른 사람에게 보여주겠다는 생각으로 보낸 글이 맞는지, 일기보다 더 일기 같은 이력서와 자기소개서도 봤다. 마감 기한이 지나고 받은 이력서를 보며 '이 사람은 근로계약을 해도 지각하겠구나.' 하는 생각도 했다. 그런 구직자들은 입사할 마음이 없고 일도 그런 태도로 할 거라는 선입견이 생겨 면접까지 이어지지 않는다.

이력서와 자기소개서를 받아보면 이 사람이 어떤 성향의 사람인지, 이 글에 얼마나 정성을 들였는지, 일에 대한 태도가 어떤지, 삶에 대한 태도가 어떤지 정도는 고스란히 파악할 수 있다. 특히 여러 이력서와 자기소개서를 함께 비교해서 볼 땐 더더욱 그러하다. 학생 때 교복을 입고 이름표를 가슴에 달았던 것처럼 이력서와 자소서, 프로필, 포트폴리오가 사회용 이름표다. 이력서와 자기소개서는 회사에서의 나의 얼굴이다. 나를 보이는 첫인상이고 어떻게 보면 나의 전부이다.

자서전, 에세이까지는 아니더라도 최소한 나만의 이력서, 자기소개서 정도는 가지고 사회생활을 해나가야 한다. 어떤 회사든 인생의 마지막 회사란 법은 없다. 정년도, 평생직장도 없어졌는데 100세 이상 사는 시대에 안정적인 현실은 없다. 혹시 모를 대비를 해야 한다. 나도 코로나19

로 회사가 폐업되어 그만두게 되었는데 단 한 번도 이런 퇴사를 상상해 본 적 없었다. 하지만 이런 퇴사는 실제로 일어났다.

대단한 이력이 추가된 게 아니더라도 이력서의 이력을 추가하며 수정해두어야 한다. 사회생활을 꾸준히 하다 보면 연차가 쌓이고 경력이 쌓인다. 이력서에 적혀진 경력이 매년 1년씩 더해지고 있는 셈이다. 규칙적인 출근이 모여 1년씩 더 유능한 사람이 되어 가고 있다. 같은 일은 1년 전보다 그 기간만큼 더 잘하고 있을 거다. 전문가가 되어가는 과정이다. 이력서를 꾸준히 고쳐가면 업무 실적 이상으로 일을 대하는 마음가짐이 성숙해감을 느낄 수 있고 업무 영역이 확장되고 있음이 분명히 보인다. 적어두지 않으면 잊게 될지도 모른다. 매년 이력서와 자기소개서를 업데이트하면 일에 대한 애착도 생기고 훨씬 더 준비된 사람이 될 수 있다. 연말이나 연초에 한 번씩 버킷리스트와 함께 정리해봐도 좋다. 든든한 이력서와 자기소개서가 준비되어 있으면 최소한 퇴사가 두렵진 않다.

AI가 이력서와 자소서를 써준다고 한다. 회사에서 요구하는 인재상에 맞춰 써준다니 취업시장에 큰 영향력을 미칠 것으로 예상된다고 한다. AI는 확률적으로 가장 정확한 글을 써준다. 이력의 다른 말은 경험인데, 나의 경험을 확률적으로 가장 정확한 글로 표현하는 게 과연 옳을까. AI가 써 준 이력서로 서류전형을 합격하면 다음 면접전형이 남아 있다. 확률적으로 가장 옳은 사람이 되어 면접을 보는 건 오직 면접 합격을 위한 발버둥에 불가하다. 나의 이력을 담은 이력서가 아니라, AI가 써준 이력서에 나를 맞추어 외우고 연습해서 면접을 봐야 한다. 주객이 전도되어 삶의 주체성은 상실된다. 우리의 삶은 취업이 끝이 아니다. 그 후 매일매일 또다시 시작한다.

회사에서 두 번째로 중요한 글은 보고서이다. 회사에서는 정말 많은 글을 쓰고 글로 움직인다. 회의를 위한 회의자료를 준비하고 회의가 끝나면 회의록을 쓰고 돌려본다. 회사는 회의를 위한 회의, 회의 준비를 위한 회의, 그 회의를 위한 자료를 준비해야 하는 곳이다. 회의 시간에 오갔던 안건으로 회의 내용을 요약하고 정리해서 회의록으로 남긴다. 어떤 일이든 내용을 집약하는 건 글로 써보는 게 최선이다. 회의록을 보면서 다시 한번 정리하고 보고한다. 정말 글쓰기가 없는 날이 없다.

나는 보고서를 쓸 때 첫 줄에 문제점을 제기하고 표를 활용하여 정리하고 마지막에 두세 문장 정도로 정리해서 보고서를 마쳤다. 많은 내용을 담지 않고 길게 쓰지 않는다. 웬만하면 두 장이 넘지 않게 쓰는 편이다. 상사가 표를 보고 내용을 알고 결론을 보고 결재할 수 있게 정리하여 보고한다. 첫째, 둘째, 셋째. 그리고 결론 정도가 적당하다. 애매한 단어를 쓰지 않아 질문받지 않는 게 좋다. 보통 결재하는 사람이 질문을 하는 건 마음에 들어서 호기심이 생겨서라기보다 보고서가 애매해서 판단을 내리기 어려워서이다. 헷갈리게 하는 보고서는 좋은 보고가 될 수 없다.

결재 시간이 오래 걸리면 생각할 시간만 늘어나고 보고하는 시간만 길어진다. 굳이 그 시간을 길어지게 할 필요는 없다. 보고는 간단하게 끝내고 다시 그 후의 업무를 보러 가야 하니까. 보고서는 상사에게 해야 할 말, 꼭 알아야 할 일들을 상사의 입장으로 써야 한다. 사적인 내용은 들어가면 안 된다. 정말 전하고 싶은 사적인 내용은 따로 포스트잇에 붙여서 전했다. 보고서는 보고받는 사람의 시점으로 써야 한다.

일 잘하고 회사 사람들과 인간관계가 아무리 좋아도 회사 다니는 건 힘들다. 일주일 중, 평일 5일을 같은 시간에 일어나고 비슷한 일을 하면서 회사의 통장에 있는 돈을 내 통장으로 옮기는 게 쉬울 리 없다. 규칙적으로 산다는 거 자체가 성실함을 증명하고 대단하게 살고 있다는 뜻이다. 살면서 이렇게 주어진 일을 잘 해내면서 살면서도 '문득, 나 지금 뭐 하고 있지?' 하고 생각이 날 때가 있다. 분명 잘하고 있는데 뭐 하고 있나 싶을 때가 있다. 그럴 땐 나를 위한 꼭 글을 써보라고 권한다. 글을 쓰면 내가 뭐 하고 있는지 나온다. 글로 써놓고 눈으로 보면 내가 하는 일들이, 삶의 고단함이 제대로 실감난다.

10년 넘게 회사생활을 해보고 깨달은 회사생활을 잘하는 법은 일을 잘하는 것이다. 그거야 당연한 거 아니냐고 의아해할 수 있다. 회사에서 일에만 집중하는 시간은 그리 많지 않다. 회의하고 대화하고 밥을 먹고 커피를 마시는 시간까지 직간접적으로 회사생활을 하는 중이다. 직접적으로 업무를 하는 건 아니더라도, 쉽게 말해 사회생활 중인 거다. 회사는 일만 하는 곳이 아니기에 온전히 나의 실력과 노력을 인정받기 힘들다.

회사가 일만 하는 곳이면 얼마나 좋을까. 그렇다고 인간관계를 잘해야 회사생활이 편하다는 말도 틀렸다. 인간관계에 치중하다 보면 그에 따른 갈등이 따라온다. 근로계약을 한 사람들이 오로지 일만 하는 곳은 아니라서 더 힘들다. 처음부터 어떻게 잘하냐고, 익숙해지는 데 시간이 필요한 건 당연하지 않느냐는 말은 원래 그 일을 해오던 사람들에게 잘 먹히지 않는다. 인간관계를 잘하는 게 나의 업무 능력을 직접적으로 향상시켜주지 않고, 역으로 일을 잘하면 인간관계는 쉽게 해결될 수 있다. 예전에는 적당히 묻어가는 게 사회생활에서 먹히기도 했다. 요즘처럼 개인주의가 팽배해진 시대에서는 그것도 한계가 있다. 결국 필요한 건 그 회사를 그만두었을 때도 써먹을 수 있는 실력과 그를 증명할 힘이다.

얼마 전에 아는 동생이 회사생활에 대한 상담을 해왔다. 자꾸 옆자리에 앉은 대리님이 자신의 사생활을 물어 온다는 거였다. 주말엔 뭐 했냐, 음식은 뭘 좋아하냐, 날씨가 좋을 때 뭐 하냐는 시시콜콜한 질문, 이게 한 번이면 괜찮은데 자꾸 물어보면 사생활을 침해받는 기분이 든다. 회사는 혼자인 시간을 자유롭게 보장받을 수 있는 곳은 아니기에 자꾸 선을 넘는다 생각해서 불편해진다고. 사람마다 나 스스로 적당한 거리를 만드는 일은 꼭 필요하다. 그 동생에게 단답형으로 대답하라고 조언해주었다. 주말에 뭐 했냐는 질문에는 '쉬었어요.' 하고 짧고 친절하게, 어떤 음식을 좋아하냐고 물으면 '먹는 거 별로에요.'라고 단답형으로 웃으며 말하라고 했다. 작은 거짓말, 하얀 거짓말은 연인들을 위한 거짓말이 아니라 인간관계를 위해서 생긴 거짓말이다. 회사에서 잘 지내야 하는 사람에게는 적당한 빈말도 필요하다. 그리고 나의 일을 하러 가서 일하는 뒷모습을 보이면 더는 사생활에 대한 과한 질문은 하지 않을 거다. '왜 이렇게 사생활을 묻나, 왜 그렇게 말이 많나?' 하는 사소하고 어차피 명확하지 않을 이유는 그리 중요하지 않다. '그 질문을 받느냐 받지 않느냐, 어떻게 하면 사소한 질문을 받지 않을 수 있느냐?'가 중요하다. 여기에서 주의할 점은 친절함이다.

의외로 이런 짧고 건조한 친절함이 가장 어렵다. 상대가 선을 넘는다고 생각하면 나도 선을 긋는다는 걸 보여줘야 한다. 이때 친절함을 보이지 않으면 감정적으로 짜증 내고 있다는 오해로 관계의 책임이 나에게 올 수도 있다. 사람이 싫어지면 일도 싫어질 수도 있는데 그 사람을 온 마음으로 싫어하지 않는 건 내 몫이다. 그것까지 사회생활이고 인간관계이다. 다 좋은데 그 한 사람 때문에 출근하기 싫은 불상사는 일어나지 않아야 한다. 선 넘는 말과 행동으로 나를 불쾌하게 만들고 짜증을 끌어내지 않도록 짧고 친절하게 끊어내야 한다.

원하지 않은 질문을 받을 때는 짧고, 친절하게. 그리고 나의 일을 하러 가자. 최소한 인간관계가 힘들어서 회사생활이 힘들다는 생각은 하지 말아야 한다. 회사는 일을 하고 업무의 대가로 월급을 받으러 간 곳이지 인간관계를 형성하러 간 곳은 아니다. 회사에서 인간관계는 덤이다. 동급의 1+1이 아니라 커피에 따라오는 작은 머그컵일 뿐이다. 좋은 사람을 만나면 정말 다행이고 감사할 일이다.

나도 한때는 인간관계는 우연이고 운일 뿐이라 생각했는데, 어느 정도는 내가 그 사람을 만들어 가고 있다는 것도 알게 되었다. 주변 사람들 역시 나의 영향을 받을 테니까. 분위기에 휩쓸리지 말고 나의 편안함 안에 사람들을 넣을 방법을 생각해야 한다. 취미 생활을 하러 갔는데 모임의 사람들이 나와 결이 다르다면 그 모임을 나오는 것은 맞지만 회사는 일하러 간 곳이기에 업무 능력을 인정받고 그에 합당한 돈을 받으며 경력을 쌓고 성장할 기회가 있는 곳인데 인간관계 때문에 인정받을 기회를 놓치지 않아야 한다.

사람이 힘들면 일에 집중해보길. 일을 잘해냈을 때의 보람이 있다. 인간관계에서 힘들었던 시간을 보상해줄 것이다. 일을 잘하는 사람으로서 동료를 본다면 훨씬 마음이 너그러워지기도 한다.

## 솔직한 나만의 글쓰기 비법

무조건 쉽고 편하게 쓴다. 가장 집중하기 좋은 곳에서, 가장 편한 마음가짐으로 부담이라고는 1도 없는 가장 편한 머리로 쓴다. 마음이 편안한 곳에서 가장 잘 아는 것들을 머릿속에서 정리하고 가장 만만한 이야기를 쓴다. 생각들을 적다가 글에 변화를 주고 싶으면 친구한테 말한다고 생각하면서 쓰고, 엄마한테 말하듯이 쓰기도 하고, 선생님께 조언을 구하듯이, 또 어떤 때는 동생을 혼내는 마음으로 쓴다. 동생을 혼내는 마음으로 쓴 글을 엄마에게 말하듯이 고친다. 아무도 듣지 않았으면 하는 생각에 개미에게 하는 말을 대통령에게 하고 싶은 말로 고친다. 이렇게 몇 번을 반복하면 나다운 글이 써지고 있다. 참 신기하게도 글을 쓸 때마다 나의 어투는 그래도 적용된다.

정말 막 쓰고 막 고친다. 글을 쓰면서 공감하고 칭찬하고 조언하고 격

정하며 또 위로하기도 한다. 다양하게 적어놓은 글을 보고 있으면 마치 나를 다른 사람처럼 착각하며 이성적인 판단도 할 수 있게 된다. 마치 나의 이야기가 남의 이야기처럼 착각되고 타인의 이야기도 나의 이야기처럼 공감한다. 글을 쓰면서 내가 했던 말을 타인의 입장이 되어보며 타인이 했던 말을 나의 경험과 배경지식에 맞추어 입장을 전도시켜볼 수 있다.

오직 글로만 할 수 있는 다정하고 섬세한, 개인주의적이고 전지적인 시점이 되어 나 자신을 돌아볼 수 있다. 이렇게 많은 생각을 방향을 훑어가는 건 하루를 일주일처럼 살 수 있는 비법이기도 하다. 일곱 사람에 대해 써보면 일곱 명을 만난 기분이다. 사람들을 불러 모아놓고 말하듯, 나에 대해 아무것도 모르는 사람에게 어떻게든 나를 이해시키겠다는 마음으로 그렇게 쓴다. 속상해서 나를 찾아온 사람에게 조언할 때는 최대한 그 사람의 기분을 살피고 들어준다. 사실 속상한 사람은 타인의 이야기가 잘 안 들린다. 무조건 쉽고 편하게, 그리고 천천히 설명해야 한다. 이런 마음으로 글을 쓰면 더 쉽고 다정하게 써지는 듯하다. 자꾸 조언하듯 글을 쓰고 동생에게 말하듯이 글을 쓰는 나를 보며 새삼 자연스럽고 따뜻하게 나이 듦이 실감된다. 이렇게 나이 먹을 수 있는 지금이 참 좋다. 한참을 쓰다 보면 문득, '내가 엄마에게 하는 말과 친구에게 하는 말이 다르구나. 사람마다 말의 태도가 다르구나.' 사회생활을 하면서 배운 융통성을 실감하고.

예술이 대단하고 가치 있는 건 아무것도 없는 백지에 무언가를 채우고 그게 설득하는 힘을 가지고 있기 때문이다. 일상이 예술까지 될 필요는 없지만, 언제가 이렇게 나에 대해서 쓰다 보면 책이 되고, 책이 드라마나 영화 같은 작품이 되어 혹시 예술이 되는 날이 오지 않을까. 내 입장에서 경험하고 나의 시선으로 바라본 사람은 오직 나뿐이라는 거, 가장 잘 쓸 수 있는 유일한 사람은 나라는 걸 꼭 기억해야 한다.

언젠가 책도 유행이 있지 않냐고, 그 유행의 흐름을 타서 한 권이라도 더 팔려면 유행을 따라가야 하냐는 질문을 받은 적이 있다. 나는 그 사람에게 지금 당장 원고를 작성해서 출간할 수 있냐고 반문했다. 아마 없을 거다. 지금 당장 원고를 쓰기 시작하면 정말 죽을힘을 다해서 쓰고 퇴고하고 출간 계약을 하고 출간하는 데까지 짧게 6개월, 보통 1년은 걸린다. 1년 후에도 또 지금의 책들이 유행하고 있을까. 그 유행이 나의 출간 준비를 기다려줄까. 아무도 장담할 수 없다. 어차피 나만의 글을 써야 한다. 아무도 쓸 수 없는 나만의 경험, 나만의 생각으로 한 글자씩. 우리가 인생을 하루씩 채워나가는 것처럼, 책 한 권도 한 글자씩, 한 단어씩, 그렇게 문단을 채워나가야 한다. 그렇게밖에 할 수 없다.

갑자기 하루 정도 시간이 비어 가까운 데라도 갈까 했는데, 아침에 일어났더니 몸이 움직이지 않았다. 계획했던 짧은 여행을 포기하고 늦잠을 자다가 오후 4시쯤 일어나 하루를 허무하게 보낼 수 없어 노트북을 열고 현재를 써보았는데, 무려 8가지 일을 쳐내고 있었다. 써보고서야 비로소 에너지가 다 소진되었음을 알았다. 그것도 모르고 여행 갈 생각을 했다니. 나도 아직 나의 에너지 보존 창고를 잘 모르나 보다 하고 여전히 깨닫는다. 그냥 힘들고 왜인지 모르게 뭉쳐져 있던 것들이 눈앞에 문장으로 나타나 있다. 글을 써보면 타인의 도움 없이 수다가 해결해주지 못한 것들을 해결해준다. 이럴 때 써놓은 글은 잘 모으면 좋은 에세이가 될 수 있다.

글은 쓰는 것만큼 모으는 것도 그 모은 글을 감당하는 것도 중요하다. 첫 에세이를 준비할 때 100쪽이 넘는 한글 파일을 보고 생경한 두려움을 느꼈다. 그런데도 자꾸 늘어나는 분량 앞에서 고민이 많았다. 더 이상은 감당할 수 없음을 실감하면 스스로 조절하게 된다. 그게 아쉬움을 남기고서도 잘 마무리하는 방법이고 삶에도 그대로 적용되어 양보와 인내심의 질을 결정한다.

글이 직접적으로 해결해주는 건 아무것도 없다. 하지만 글을 통해 조금 돌아갈 수 있는 간접적으로 해결해 주는 것들을 제대로 알자. 우리는 당장 눈앞에 보이는 이득과 결과, 해결, 문제점 제시가 아닌 일을 할 때 일상의 소소한 행복을 확실히 느끼고 삶의 밸런스를 위해 쓰지 않는 법도 제대로 아는 것까지 나의 글쓰기 비법이다.

언젠가 나도 내 글을 당당하게 작품이라고 말할 수 있는 그런 날이 오길 바라본다. 유행을 시대를 기준으로 출판 시장의 동향으로 생각하지 않았으면 좋겠다. 내 인생에서 나를 기준으로 생각해보면 인생에 유행이 어디 있나. 힘들고 덜 힘들고만 있지.

오늘도 덜 힘들기 위해서 나는 쓴다.

# 3

# 정돈된 삶으로 쉽게!
# 살맛 나게!

몇 년 전, 신년 모임에서 어떻게 하면 잘 먹고 잘살 수 있는지 토론했다. 모인 사람들의 나이와 직업은 다양했고 독서와 글쓰기를 통해 삶의 의미와 성장, '잘'사는 데 관심이 많은 사람들이 새해를 '잘' 시작해보고자 모인 자리였다. '잘 먹고 잘살자'는 자주 들어봐서 익숙한 말이지만 막상 어떻게 해야 잘 먹고 잘 살 수 있는지 말하기 힘들다는 사람들이 많았다. 너무 예전에 들어본 옛날 말 같다고도 했다. 사실 '잘'하는 게 제일 어렵고 힘들다. 이 정도면 잘 먹고 잘살고 있는 건가, 그제야 점검을 시작하는 사람도 있었다.

뉴스를 보고 있으면 중산층은 없어지고 보통의 평범한 사람들이 멸종할 것처럼 보도해서 불안해진다. 하지만 막상 밖으로 나와 직접 만나보면 최선을 다해서 자신의 삶을 만들어가는 사람들도 많다. 테이블을 둘

러싸고 직접 만나서 눈을 보며 말을 해봐야 미디어에 가려지지 않은 현실의 세상이 보인다.

일단 잘 먹는다는 건 사람마다 다른 의미이다. 어떤 사람은 배부르게 먹기만 해도, 어떤 사람은 비싼 음식을 먹어야, 또 어떤 사람은 신기하고 유행하는 음식들을 다 먹어봐야, 심지어 사진까지 예쁘게 찍히는 음식을 먹어야 잘 먹는다고 한다. 하루 세끼를 다 챙겨 먹어야 잘 먹는다는 사람도 있고 한 끼면 적당한 사람도 있다. 누구는 건강을 생각해서 먹어야 잘 먹는다 하고 또 건강만 생각하기에는 맛있는 음식이 너무 많다. 온전히 건강하게만 먹고살면 먹는 즐거움을 포기할 수 없어 배고픔과 전혀 상관없는 부족함을 느끼기도 한다.

잘 사는 것도 그렇다. 매년 치솟는 물가를 쫓아가며 돈을 많이 벌어야 한다, 성장해야 한다, 나만의 브랜드를 만들어야 한다, 인간관계를 잘해서 외롭거나 괴롭지 않아야 하고 여러 세대와 화합하며 함께 살아야 한다며 각자의 이야기를 내놓았다. 하지만 어떤 문장도 온전히 잘 사는 건 아니라는 데 동의했다. 남들처럼 놀면서 남들보다 잘살고 싶은 마음은 누구에게나 있을 거다. 요즘은 SNS의 화려한 한 장면을 부러워하고 순간적인 행복을 꿈꾸는 게 무조건 그릇되었다고만 말할 수도 없다. 남들보다 적게 일하고 남들보다 많은 돈을 받고 싶어 하는 마음을 미워할 수

만은 없는 세상이다.

그때 나는 '꼭 잘 먹어야 해? 잘 먹어야 잘 사는 거야?' 하는 생각을 하고 있었다. 아침잠이 많아서 9시는 훌쩍 넘겨 일어나니 어차피 아침이란 시간에 밥은 먹지 못한다. 더구나 흰쌀밥을 좋아하지 않는다. 달달한 돌체라테를 덜 달게 한잔 마시고 조금 쉬었다가 운동을 하고 글을 쓰고 4시쯤 점심 겸 저녁을 대충 먹으면 하루가 안정적으로 흘러간다. 저녁으로 밥 한 공기 이상 먹으면 다음 날 운동을 더 해야 한다는 걱정이 생긴다. 운동 시간을 늘려야 한다면 잠은 줄일 수 없으니 글 쓰는 시간을 줄여야 하는데 그거만큼 아쉬운 시간도 없다.

한 끼만 과식해도 밤에 속이 부대껴 편히 잠들지 못하기에 나는 '잘 먹고 잘살기'는 틀린 사람이다. 먹는 데 관심 없고 요리에 재능 없는 사람은 요리하는 데 더 많은 시간과 정성이 들어간다. 하루에 쓸 수 있는 시간은 한정되어 있고 잠자는 시간과 어떤 일을 하기 위한 준비하는 시간까지 빼고 나면 정말 짧아서 한시도 허투루 쓸 수가 없다. 음식을 하는데도 먹는 데도 시간이 많이 걸리고 배달 음식은 최대한 피하는 나는 잘 먹고 잘 살기는 이미 텄다.

그저 적당히 먹고 적당히 산다. 적당히 원하고 그래서 적당히 노력하고, 적당히 나온 결과로 적당히 행복하게 산다. 애썼지만 적당했다고 기억할 수 있을 만큼만 애쓴다. 신기하게도 적당히 요리하고 적당히 먹으면서 맛있고 자극적인 음식을 찾아다니지 않으면서 삶은 정돈되었다. 정돈된 삶을 또 글이 증명해준다.

글을 쓰고, 내가 쓴 글에 대해서 말하고 다녔던 경험이 감정과 욕심의 중간을 찾고 밸런스를 맞추어 정돈된 삶의 기본 밑천이 되어주었다. 적당히 먹고 적당히 산다는 건 나만의 적당함과 그 기준을 알고 즐기고 있다는 뜻이기도 하다. 요즘 핫한 음식점에 가보지 않아도 비싼 음식을 먹지 않아도 적당히 살 수 있기에 부족함 없는 일상이 딱 적당하다. 매일매일 이불을 펴고 다시 개어놓듯, 매 순간 안정적인 나의 이야기가 펼쳐지고 다시 정돈된다. 뻔하지만 뻔하지 않은 나만의 이야기, 반듯하게 개어놓은 이불을 보듯 나의 삶을 바라보고 저녁이 되면 그 이불을 펴고 그 속으로 들어갈 수 있는 편안함이 나는 좋다.

나는 타인이 하는 말은 어떤 말이든 반만 믿는다. 말을 듣고 반 정도 믿고 기억하고 나머지 반은 글로 써본다. 어차피 전해 듣는 이야기는 그 상황의 반이다. 말하는 사람의 감정이 나머지 반을 채우고 있다. 감정을 탈락시켜 반만 들으면서 말하는 사람을 빼고 이야기를 그린다. 그래서 나와 친하다고 일방적으로 편 들어주고 일방적으로 잘했다고 말해주진 못한다. 사랑할수록 무조건적인 공감은 없다. 일방적으로 혼자서 이상한 사람은 잘 없다. 사람은 누구나 기분이 큰 영향력을 미치기에 그렇다고 말하는 사람이 문제도 아니다. 감정을 빼고 들어주는 것까지가 잘 들어주기 위한 자세다.

상황이 그려지고 이야기가 새롭게 만들어지면 그랬나 보다, 할 수 있다. 특정 말과 행동에 매몰되지 않고 원인과 결과를 따져볼 수 있다. 어차피 완벽한 이해는 없다. 이해의 포인트가 많이 있어야 특정 행동에 집중하지 않게 된다. 사람에 대한 이해는 더욱 그렇다. 그 상황에 있지 않았고 그 사람이 아니다.

왜냐는 질문은 깊게 생각해 봐야 하거나 상대방이 곤란하게 만드는 경우가 많다. 왜는 사람을 집요하게 만든다. 긍정적인 상황에서는 상황을 이해하고 창의적인 생각을 여는 데 도움이 되지만 부정적인 감정이 있을 때는 그 감정을 건드리는 역할을 한다. 부정적인 감정에 직면하면 당사자는 말문이 막힌다. 자기방어로 말문을 막는다. 왜인지 몰라서 괴로운 건데, 그러면 안 되는 줄 알지만 나도 모르게 그렇게 한 건데 왜 그랬냐는 질문은 너의 잘못과 문제점을 말하라는 요구가 된다. '왜'가 없어야 물음표 없는 진심으로 타인을 배려할 수 있다.

화가 난 사람들의 이야기를 들으면서 그 사람이 하는 말을 그대로 받아들이지 않고 그 말을 들은 상대가 되어 머릿속으로 이해하려고 노력한다. 그러면 덜 감정적으로 상황을 이해할 수 있다. 사람은 절대 혼자서 싸울 수 없기에 한 사람을 완전히 나쁜 사람으로 치부하며 편 들어주는 건 좋은 공감이 아니다. 단순히 편 들어주기에 불과하다. 편을 들어주고 편을 나누는 건 또 다른 싸움을 야기할 수 있다. 무조건적 수용은 또 다른 오해를 낳을 수 있어 좋은 방법은 아니었다.

칭찬도 똑같다. 칭찬을 말하는 그대로 받아들이지 않는다. 칭찬은 기분을 풀기 위해서 약간의 과장을 섞기도 한다. 아예 빈말일 수도 없다. 칭찬해주는 대로 다 믿고 춤을 추면 괜히 머쓱해지기 마련이다. 칭찬을 해준 사람을 배려해서라도 칭찬의 말도 반만 믿는다. 시간이 지나고 나서 생길 마음을 기다리면서 다시 생각해볼 수 있도록 여백을 남겨두는 것이다.

## 75점짜리 일자형 인생 그래프

나의 행복 그래프를 그려보면 75점짜리 일자형이다. 세로축의 행복도는 시작도 끝도 75점이다. 행복은, 감정적인 부분과 만족감으로 정의된다고 한다. 하루를 기쁘다와 슬프다로 마무리하던 과거를 거쳐 현재 나의 행복 그래프는 철저하게 만족감으로 표현된다. 행복 그래프의 가로축의 나이는 70세까지 표시되어 있는데 보통 80세까지 산다고 생각하고 70세 정도까지는 열심히 살고 나머지 10년은 그저 아프지 말고 살면 되지 생각했다. 이제 치매도 관리되고 인공관절도 개발되어 140세까지 살지도 모른다고 하니 어쩌면 지금부터 100년은 더 살아야 할지도 모르겠다. 정말 정신 차리고 내가 좋아하는 것 찾고 재미있는 것들을 잘 모아야겠다.

어렸을 때부터 어떤 뚜렷한 목표를 세우고 계획적으로 미션을 클리어

하면서 산 적 없다. 꼭 이루고 싶었던 꿈도 없었고 적당히, 그냥저냥 만족하면서 살았다. 행복했는지 안 했는지 구체적이고 세세한 건 다 기억나지 않지만 내 인생이 만족하지 못했던 적은 없었다. 사람도 마찬가지다. 친구와 싸운 적은 있어도 친구가 부족했던 적은 없었다. 부모님께 혼나서 속상했던 적은 있어도 우리 부모님이 부족하다고 생각했던 적은 없다. 친구들이랑 살구 놀이, 고무줄 놀이를 하는 게 좋았고 최선을 다해서 놀았다. 나에게 주어진 사람과 상황이, 그리고 재능도 최고라고 생각하고 더 이상을 바라지 않았다. 스스로 한계를 정하고 그 안을 꼼꼼히 채우면서 살았다. 만족감을 위해서는 기대하지 않는 능력이 필요했는데 잘 준비했다.

보통 등교와 하교, 학교를 가기만 해도 반은 먹고 들어간다. 학교가 가기 싫었던 적 없고 늘 아침에 스스로 일어나 학교 갈 준비를 했으니 기본적으로 50점은 먹었다. 학교 수업 시간에 딴짓도 하고 잠도 자면서 시험 기간에는 친구들이랑 몰려다니면서 시험공부를 했다. 시험 전날 졸리기 전까지 공부하면 75점 정도 받았다. 사람이 엄청 열심히 공부했을 때 한두 개 틀리면 그렇게 속상하지만 시험 치기 전에 잠깐 본 게 나와서 맞추거나 찍은 게 맞으면 더 기분이 좋다. 이런 면에서 열심히 노력하는 사람은 손해를 느낀다. 어제 밤 늦게까지 정말 열심히 외우고 공부했는데 한 글자 제대로 못 봐서 틀린 나 자신에게 실망하게 된다, 나는 그런 손해 따위 느낀 적 없다. 운이 좋으면 85점, 100점을 받기도 했다. 그렇게 우연히 얻은 기쁨이 나머지 25점을 채워주기도 그렇지 않기도 했다. 우연하고 소소한 것들을 잘 기억해두었다가 나만의 행복 근육, 마음 근육을 키웠다.

나라고 어떻게 행복의 굴곡이 없었을까. 학교를 졸업하고 전공을 살리지 못했고 평범한 회사를 다니다가 권고사직도 당해보고 교통사고도 당해보고 연애하고 이별하고, 결혼까지 했는데 별일은 많았다. 하지만 하루하루를 기록하던 다이어리가, 복잡할 때 적어본 삶의 메모가, 친구와 함께 썼던 교환 일기장이, 바닥이었던 나를 끌어올린 이야기를 써본 노트북이 있었다. 이렇게 쓴 글들이 힘들 때마다 지지해주었고 내가 직접 만든 삶의 근육이 되어주었다.

내 인생 최고의 장점은 큰 좌절감이 없다는 거다. 특별한 목적이 없었기에 지쳐 쓰러져서 다시 일어나야 하고 암흑기를 빠져나와야 하는 시간 낭비가 없었다. 빠져나올 필요 없는 삶은 그 시간을 효율적으로 보낼 수 있게 한다. 늘 중심을 잡을 수 있을 만큼 흔들렸고 일어날 수 있을 만큼만 좌절했다.

고등학생 시절, 핸드폰을 바꾸기 위해서 레스토랑에서 일을 했다. 일하는 레스토랑에 친구와 내가 좋아하던 남학생이 소개팅을 하러 왔다. 나는 다른 테이블을 치우면서 그 상황을 지켜볼 수 밖에 없었고 그들이 먹고 나간 파스타 접시를 치우고 테이블을 닦고 쓰레기를 버렸다. 지금은 담담하게 말할 수 있지만 그때는 아주 부끄러운 일이었다. 아니, 자존심 상하는 일이었다. 그날은 다이어리에 마음을 적어보고 한숨을 쉬며 담담히 하루를 마무리했다. 다음 날 씩씩하게 일어나 아르바이트를 했고 핸드폰을 바꿀 수 있을 만큼 돈을 벌 때까지 버텼다. 계약기간까지 일했고 내 힘으로 핸드폰을 바꾸었다. 엄마에게 울면서 조르는 방법도 있었지만 그게 더 자존심이 상했다. 그때의 그 소개팅남과 나는 아무 상관없이 멀쩡하게 잘 살아가고 있다. 공과 사를 구별하는 법, 감정을 이유로 갑자기 포기하지 않는 법, 자존심을 조절하는 법을 터득했고 자존심과 감정의 상관관계를 배울 수 있었다.

오롯한 독립과 삶의 교훈을 위해서는 자존심이 중요하냐, 돈이 더 중요하냐는 이분법적인 태도가 아니어야 한다. 근로계약에 대한 책임감을 알고 그 책임감을 견딜 줄 아는 사람으로 마음을 다잡는 선택을 스스로 해본 경험으로 아직까지 최소한 자존심 때문에 망하는 일은 없다. 나 자신을 적극적으로 보완하는 건 나만이 할 수 있다. 미래에 대한 명확한 목표 지향점이 없어도 그 틈으로 지금을 즐길 수 있는 기쁨이 들어온다. 인생엔 계획이 없으면 다른 것들로 채워진다. 무계획의 다른 말은 다양함이다.

기쁨 총량의 법칙을 믿으며 마흔이 되어서도 여전히 성장하고 꿈을 꾸고 싶다. 글을 쓰며 정리한 길을 오늘도 편안히 걸어 나간다. 살면서 힘든 일은 있었지만 견뎌낼 수 있는 만큼이었고 견뎌내는 나 자신을 믿어도 된다는 신뢰감이 생겼다.

글을 쓰기 전, 정확히 출간하기 전엔 나의 인생 그래프는 이렇게 평탄하지 않았다. 기쁨에 차고 슬픔에 찬 곡선들이 요동치고 쉽게 흔들리면서 살았다. 글을 쓰면서 인생 그래프는 차츰 안정적으로 바뀌었다. 과거가 변하지 않지만 인생 그래프가 변하면 안 된다는 법은 없다.

사실 어렸을 때 꽤 머리도 좋고 말도 잘하고 심부름도 잘하는 나를 보며 어른들은 공부를 열심히 하라고 했다. 나중에 후회할 거라고, 좋은 대학 가야 좋은 회사에 들어가고 좋은 남자를 만난다고 했다. 나는 좋은 대학을 나오지도 못했고 좋은 회사에 다니지 못했지만 좋은 남자를 만났다고 믿는다. 좋은 남자가 평생 의지할 수 있는 내 인생을 책임져줄 사람은 아니며 내 인생의 전부도 아니다. 우리는 그저 나를 위해, 그리고 서로를 위해 좋은 사람이 되어주려고 노력하며 살고 있다. 짝꿍 덕분에 편안한 마음으로 좋은 말을 하고 좋은 글을 쓰며 다양한 사람과 함께할 수 있다.

그때의 어른들이 나를 걱정하며 퍼부은 말처럼 아직까지 후회하지 않는다. 아마도 그 어른들보다는 좋은 어른이 되어 있지 않을까. 나 스스로 믿는다.

## 포기하지 말고 '그럴 수 있어'

사람이 사람을 바꾸는 건 불가능하고 사람은 변하지 않는다. 원하는 대로 사람을 바꾸려 해도 내가 들인 노력이 통하기보다는 그 사람이 바뀌려 마음먹어야 한다. 마음이 동해 바꾸려는 다짐을 스스로 해야 한다. 타인을 바꾸려면 티 내지 않고 상대가 원하는 것을 해주면서 마음을 열게 해야 한다. 나의 변화가 선행된다는 말이다. 타인의 지시나 강요, 요청, 바람으로 가능한 일은 아니다. 그러니 사람을 바꾸는 것보다 포기하는 게 차라리 편하다고 말하는 사람이 많다. 포기도 어떤 방식으로는 변화인데, 속을 모르는 너를 바꾸는 것보다 나를 바꾸는 게 빠르단다. 그러면서 나 자신을 잘 모르겠다고 하니 인간관계가 복잡할 수밖에. 인간관계는 나와 타인과의 문제가 아니라 나의 내면까지도 포함된 관계이니까. 결국 나의 내면의 문제이다.

사람을 바꾸는 데에 주도권은 바뀌는 사람에게 있다. 연애할 때 더 많이 사랑하는 사람이 마음을 얻기 위해 변화를 약속한다. 처음엔 사랑받는 사람이 주도권을 가지고 이런저런 요구를 하는데, 이 관계의 끝에는 사랑의 크기가 역전되어 있다. 그러니 사랑한다며 변화를 약속하는 사람에게 휩쓸리지 않도록 마음을 굳게 먹어야 한다. 변화하려 노력하는 사람의 지침을 잘 인식해야 한다. 인간관계는 나와 너의 반틈을 찾아가는 과정이라 반틈을 어떻게 섞느냐에 따라 천국이 되기도 지옥이 되기도 한다.

인간관계에 있어 사람을 바꾸고자 마음먹을 때부터 그 관계는 유지하기 어렵다. 연애는 사랑이 큰 사람이 작은 사람을 상대로 일방적으로 배려해주기에 어느 정도 가능하지, 그것도 설렘의 유효기간이 끝나면 소용없다. 일방적으로 달라지기 요구한다면 사람이, 사람을 괴롭히는 형태가 된다. 둘 다에게 못 할 짓이다. 변화를 요구하고 큰 소리로 말하는 사람은 나쁜 사람이 되어가며 둘 사이에 강요가 반복되면 사람은 지치고 사랑은 없어진다.

포기하면 빠르다고 한다. 포기하면 빠른 건 사실이다. 속도로 치면 정말 좋은 결과다. 하지만 우리의 일상은 속도보다 방향이고 그 방향을 함께 해줄 사람이 있으면 더 좋다. 혼자 빠르게 가서 좋을 게 뭐가 있나, 멀리 가는데 재미있게 가려면 함께 가라는 말도 있으니. 사람을 포기하는 게 쿨하고 멋있다고 한다. 쉽게 포기하는 게 삶에 대한 효율성이고 나의 내면과 인간관계를 잘 조절하는 능력자처럼 다 이해하고 상대에게 요구하지 않는다며, 우리 사이의 적정선을 정했다며, 나 자신을 포장하고 더 이상 싸우지 않으려는 최선의 노력이고 최악의 상황을 피하는 최선 같다.

역설적으로 노력하지 않겠다는 뜻이다. 사람들은 결혼 생활을 평화롭게 유지하는 방법으로 상대를 포기하라는 그럴듯한 조언을 해준다. 싸움이 시작될 것 같으면 언성 높이지 말고 그 자리를 피하고 각자의 감정 찌꺼기는 서로 처리하는 것, 그게 오랫동안 관계를 유지하는 법이 될 수도 있다. 그러나 그 순간의 싸움은 일어나지 않지만 미세하게 연결된 감정의 찌꺼기들은 고스란히 남아 있다. 상대도 '저 사람이 나를 피하는구나.' 눈치 챌 거다. 그 눈치로 모인 감정들은 상대를 미워할 때 다시 사용될 거다. 무엇보다 나는 사람이 사람을 포기한다는 게 하나도 멋있지 않다.

포기하거나 어떤 일을 그만하기 이전에 꼭 한 번쯤 글을 써보길 바란다. 포기하는 데는 선택하는 만큼 그 이상으로 에너지가 소모된다. 포기는 에너지가 거의 소진 되었을 때 고개를 든다. 그래서 어떤 일을 추진하는 것보다 포기하는 데 더 많은 에너지가 소모된다. 아무것도 기대하지 않을 힘이 필요하다. 포기한 이후에도 우리의 삶은 계속되기에 포기하고 다 버리고 일상을 이어갈 힘도 남아 있어야 한다. 포기가 필요한 상황이었다면 애초에 나에게 과했다. 그런 의미에서 포기하는 건 제자리를 찾아가는 과정이다. 포기하는 이유가 내 문제일 때는 그때의 자괴감도 견려야 한다.

이 모든 과정에서 크고 작은 좌절을 경험한다. 좌절한 상태에서 어떤 선택을 하면 미련과 후회로 또다시 혼란스러워질 것이다. 포기가 악순환의 시작이 될 수 있다. 일이 잘 풀리지 않을 때 그만두어야 하나, 그대로 추진해야 하나 잔뜩 걱정스러운 표정으로 물어보는 상담을 자주 하는데, 난 그럴 때마다 지금은 그 어떤 결정도 할 때가 아니니 결정을 미루라고 조언한다. 가능하다면 지금 하는 일은 그대로 하면서 결정을 미루라고. 시간이 해결해줄 수 있는 것들 이를테면 감정적인 좌절과 충격에서 어느 정도 해소되어야 비로소 이성적이고 냉정한 판단을 내릴 수 있다.

시간이 해결해 줄 것들은 당장 끝장을 보려고 애쓰지 말자. 삶의 방향이 틀렸다는 걸 인식했으면 그 방향을 바꾸기 위해서 지금의 일을 잘 마무리해야지 당장 끝장내야 하는 건 아니다. 이성적이지 않은 포기에 제대로 남는 것은 없다. 올바른 과정으로 끝을 마무리하고 긍정적인 다음을 기약하기 위해서는 현실을, 현상을 제대로 아는 게 가장 먼저이다. 포기하고 끝장을 내는 것과 잘 마무리하는 건 명확하게 다르다. 다음의 시작이 다르다. 삶은 계속되기에 포기하고 말고는 별로 중요하지 않다.

그 일을 처음 시작했던 이유, 지금 포기하려는 이유, 포기할 수 없는 이유, 지금 얼마나 좌절하고 있는지, 그 좌절감을 버틸 수 있는지 없는지 정도만 적어봐도 현실을 즉시 하는 데 많은 도움이 된다. 사업을 접어야 하나, 말아야 하나를 고민하고 있다면 시간 낭비라고 생각할지도 모른다. 걱정이 많으면 그럴 시간이 없다. 하지만 절대 시간 낭비가 아니다. 좌절할수록, 좌절이 깊을수록 더더욱 제대로 써봐야 한다.

올바른 판단을 위한 올바른 증거가 필요하다. 투자한 금액, 일일 매출, 관리비용, 원가, 그리고 현재 통장 잔고 등 최대한 숫자로 현실적으로 표현해서 눈으로 직접 봐야 하고 계산기를 두드려야 한다. 그래야 문제점이 여실히 보이고 올바른 판단을 할 수 있다. 그냥 힘들어서, 하기 싫어서, 나와 맞지 않아서 같은 감정적인 판단이 아니라 미래가 있는 현실적이고 이성적인 판단이 필요하다. 객관적인 자료가 있어야 타인에게 조언을 구할 때도 구체적이고 정확하게 물어볼 수 있고, 정확하게 물어야 필요한 대답을 들을 수 있다. 내가 얼마나 힘든지, 어떻게 힘든지를 말하는 건 하소연이지 판단의 현실적인 근거는 될 수 없다. 하소연에는 위로와 무조건적인 공감만 해주면 그만이다. 언제나 포기는 정리해보고 나서 감정이 다 해소되었을 때 해도 늦지 않다.

다정하게 포기하는 방법도 있다. '그럴 수 있어.'라고 생각하고 나 자신을 다독이면서 상대를, 그 상황을 그대로 인정하고 받아들이는 것이다. 인정해야 다음이 보인다. 생각보다 인정하고 받아들이는 데 시간이 오래 걸린다. 오랜 신념일수록 잘못됨을 인정하는 데 오래 걸린다. 인정의 시간을 잘 견뎌야 한다. 그럴 수 있다고 마음을 다잡고 그 순간을 잘 보내면서 나 자신을 지킬 수 있다. 좌절하면서도 나를 지켜야 새로운 에너지를 충전할 시간이 줄어든다. 사람은 그럴 수 있고 이런 일은 일어날 수 있고, 살다 보면 별일 다 생긴다고 받아들이는 것도 적당한 위로가 된다.

다른 사람들도 나와 똑같다. 나도 모르게 비교했던, 나의 경쟁자들도 다 이렇게 좌절하고 일어나기를 반복하고 있다. 어떨 땐 열정을 쏟고 또 어떨 때는 아무것도 하기 싫고 또 어떨 때는 한없이 외롭다가 또 모르는 것투성이 세상에서 나와 함께 사는 거다. 나도, 그 사람도 그럴 수 있는 한 인간일 뿐이다. 나는 나고 타인은 타인이다. 일어난 일은 어떤 일이든 일어날 수 있는 일이었다고 그럴 수 있다고 인정하고, 삶에 도움이 되지 않는 사람과 상황은 얕은 인간관계로 밀어내자. 나의 기준으로 인간관계를 정리할 수 있다.

## 100%는 없다

글을 쓰다 보면 이 험한 세상에서 무려 멀쩡하게 살고 있다는 걸 알게 된다. 어떻게 그럴 수 있냐고 말도 안 된다고 좌절했던 그 시절도, 그럴 수 있고 그런 일은 얼마든지 일어날 수 있다고 이성적으로 받아들이는 날이 온다. 세상에 절대로, 100%, 무조건, 나만 잘하고, 나만 잘못했던 일들은 없다는 걸 받아들이게 된다. 그걸 깨닫게 되면 무수한 이해와 용서를 하게 된다. 물론 한 번에 한순간에 말끔하게 되는 일은 아니다. 글을 쓰고 다듬어 정돈했던 과거와 비슷한 일을 겪을 때 무던하고 덤덤한 나 자신을 발견하게 된다. 무던하고 덤덤한 경험이 몇 개만 쌓여 기억의 중심을 잡아주면 삶은 크게 흔들리지 않는다. 웃으면서 할 수 있는 이야기가 많아진다. 글을 쓰면서 정리하고 확인한 정돈감은 매년 그 깊이가 더해진다. 삶을 살아내는 성숙과 함께 계속되리라 믿는다.

부정적인 생각은 부정적인 생각으로 채운다. 한계는 정해져 있고 할 수 있는 만큼 부정적인 생각을 한다. 별일 아닌 일에도 최선을 다해 한계까지 걱정하게 된다. 당연히 긍정적인 생각을 해야 긍정적인 생각으로 채울 수 있다. 인생을 즐기고 싶다고 갑자기 즐길 수 있는 건 아니다.

타인에게 인정받아본 적 없는 사람은 혼자만의 생각으로 머릿속을 채운다. 타인의 생각을 배제하고 나의 생각만으로 나를 채우는 게 무조건 나쁜 건 아니다. 다만 다양해질 수 없고 이성적일 수 없다. 타인을 배려해본 적도, 배려를 받아본 적이 없는 사람일수록 생각을 감정으로 채우고 그 감정을 믿는다. 감정을 생각으로 착각하고 믿지 않기 위해서 우리는 글을 써보고 이성적인 생각으로 재구성하여야 한다. 나를 잘 모르고 받아들인 타인의 생각은 부정적인 감정으로 쌓이고 조절되지 않은 기대는 기대대로 커져 실망은 실망대로 커진다. 생각과 감정 사이에서 확실하지 않는 상태로 불안함을 느끼면 후회하게 되지만 그땐 많은 사람을 괴롭힌 후일 것이다. 더 슬픈 건 그 과정에서 가장 괴로운 사람이 나 자신이라는 것. 아마 한순간 우울감이 몰려와 우울한 감정에 지배되어 있을지도 모른다.

생각과 감정을 말과 글로 풀어보고 생각과 감정을 구분해보는 것이 성장의 가장 기본이다. 사람들은 생각이 많아서 괴롭다고 일상적으로 말하는데, 생각이 많아서보다 생각으로 인해 파생되는 감정이 많아서 그게 명확하지 않아서 걱정이 생기고 힘들다. 생각은 아무리 많아도 잘 정리되어 있으면 어떤 형태로든 괴롭지 않다. 과학 이론을 많이 안다고, 수학 공식을 많이 외워서 괴롭지 않다. 그 공식들을 제대로 외우지 못했을 때 속상하고 우울하다. 첫째, 둘째, 셋째로 나누어서 잘 적어낼 수 있는 일들은 삶에 문제가 되지 않는다.

노트북을 열고 손가락이 잘 움직일 수 없는 건 감정이 많고, 그 감정을 명확하게 언어화하고 문장화하기 어려워서다. 할 일이 많다는 사실보다 제대로 할 수 있을지 모를 부담감과 예상되지 않는 결과에 우리는 불안함을 느낀다. 걱정도 어떤 일이 일어날지 두려워서 생기는 감정이지, 확실하게 문제점이 밝혀지면 해결하기 위한 생각을 하게 되고 최선을 다하여 방법을 찾고 추진하게 된다. 문제 해결을 위한 추진 과정은 더 이상 걱정이 아니다. 노력과 성장의 과정이다.

정직함, 노력, 성실함이 제대로 인정받지 못하는 세상이라는 걸 잘 안다. 정직하게 노력하고 성실하게 사는 사람이 쉽게 성장할 수 없다는 것도. 세상은 아는 만큼 보이고 보는 만큼 생각하게 되어 있다. 그게 너무 자연스러워서 인식하지 못할 뿐 나 또한 아는 만큼, 보는 만큼 말하고 글을 쓰며 생각하며 산다. 이건 아는 만큼만 생각할 수 있음을 의미한다. 아는 것 이상으로 상상할 수 없다. 소설을 써보자고 자유롭게 상상하면서 쓰는 시간을 가져보면 각자 자신이 하고 싶었던, 평소의 생각 테두리 안에서 글을 쓴다. 글에서는 그 어떤 것도 가능하지만 그 가능성을 모두 적용시키는 사람은 없다. 무의식중에 원했던 기억을 꺼내며 사소하게 상상한다. 그래서 단조로운 삶에서 호기심을 가지고 밝은 미래를 상상하면서 살기 힘들다.

한 달 안에 출간하는 법, 쉽게 사는 법, 누워서 돈 많이 버는 법, 스타가 되는 법을 알려주는 글을 쓰면 참 좋을 텐데 나는 그런 말을 하지도 그런 글을 쓰지 못하겠다. 큰 꿈과 계획적인 삶이 무조건 틀렸다는 건 아니다. 다만 대단한 계획은 현실을 자각하지 못 하게 하는데 계획에 도달하지 못함이 사람을 뒷걸음질 치게 하고, 뒷걸음 치게 되면 가만히 있어도 힘든 세상에서 더 부지런한 충전이 요구된다. 좌절로 소모된 에너지는 어떻게든 다른 만족감이 있어야 충전할 수 있다.

어느 날 갑자기 온 연락, 행운도 대부분은 내가 과거에 만들어놓은 노력의 결과물이다. 나의 어제와 오늘, 그리고 내일은 미세하게 연결되어 나와 연관이 있다. 천천히 생기고 성실하게 인지한 다부진 계획으로만 단단해질 수 있고 건강하게 미래를 준비할 수 있다. 정직하게 노력한 사람만 성실하게 살아야 느낄 수 있는 삶의 기쁨을 정당하게 누릴 수 있길.

## 모른다고 말하기가 두렵지 않길

스물한 살에 학원에서 고등학생을 가르쳤다. 정말 어디서 나오는 용기였는지 알 수 없다. 고등학교 때 국어 공부를 열심히 해본 적도 없으면서, 수업 시간에 선생님의 말씀을 제대로 들어본 적도 별로 없으면서, 신문방송학을 전공하고 있다는 이유로 겨우 두어 살 어린 학생들을 가르칠 용기가 있었다니. 아는 게 없어야 용감하다고 그땐 오직 용돈을 벌 생각뿐이었다. 학생들은 선생님 같지 않고 언니, 누나 같다고 잘 따라주었고 학생들과 함께하는 시간이 재미있고 좋았다. 그 용기를 그대로 장착하고 지금 살고 있다면 유튜버든 회사의 대표이든, 뭐든 되지 않았을까.

용기는 있었는지 몰라도 수업 시간엔 학생들이 무서웠다. 온전히 선생다운 선생이 되지 못한 두려움이었다. 그만둘 용기는 없었다. 원장 선생님이 무서웠는데 그만둔다고 말을 할 생각만 해도 두려워서 계속 학원을 나갔다. 원장 선생님만큼 공부 잘하는 학생도 무서웠다. 전교 1등 하는 원감 선생님의 딸이 그 학원에 다녔는데, 아마 대학생이었던 나보다 더 아는 것도 많고 공부도 잘했을 거다. 다만 내 손에는 정답과 해설이 적혀 있는 교사용 문제집이 있어서 겨우 수업을 진행하고 필기할 내용을 불러줄 수 있었다. 혹시 내가 모르는 걸 물을까 봐 전전긍긍하며 일했다. 다행히 그 학생은 내 수업을 제대로 듣지도 않았고 별다른 질문도 하지 않았다. 그게 얼마나 다행이었는지.

스물 하나의 두려움이 무색하게 여전히 가르치면서 살고 있다. 글쓰기 수업을 하면서 산다. 그때와는 많은 것이, 어쩌면 모든 것이 달라졌다. 지금은 수업을 듣는 사람들이 똑똑할까 봐 가슴 졸이고 수업하는 시간이 걱정되거나 무섭지 않다. 정답이 적힌 교사용 문제집도 없고 필기는 더더욱 시키지 않는다. 똑똑한 참여자가 있으면 그의 이야기에 호기심을 가지고 물으며 다른 사람들과 동등하게 말하고 생각할 기회를 준다. 참여자들의 글쓰기 실력이 쑥쑥 오르길 바라지 않는다. 혼자 인강이나 유튜브를 보고 외우면 훨씬 효율적일 일은 굳이 씻고 버스를 타고 도서관까지 와서 다양한 사람들과 만나서 할 필요는 없다. 글쓰기 수업을 하면서 글을 잘 쓰고 말을 잘할 수 있는 방법을 말해주며 적어가라고 하지 않는다. 사람들이 모였으면 모인 사람들끼리 할 수 있는 수업을 진행해야 한다. 일상에서 했던 책임과 의무감이 있는 생각을 비우기 위해 짧고 쉬운 특강을 해준다. 사전적 의미가 아닌 사랑의 정의, 카톡이 말일까 글일까, 하고 싶었던 말, 듣고 싶었던 말 등. 평소에 잊고 살았던 경험과 기억을 떠올릴 수 있는, 하지만 평소에 놓치고 있는 생각들이 내 수업의 주제다. 특강을 들으며 지금 떠오르는 생각을 자유롭게 말하고 질문하라 하고, 대답은 내가 하기도 하고 참여자가 하기도 한다. 함께 대화하다가 질문자가 직접 답을 내기도 한다.

나는 수업 시간 동안 참여자들이 말 잘 듣는 학생이 아니었으면 좋겠다. '왜요? 아닌데요? 싫어요, 저는요, 지루해요, 어려워요, 이런 생각 안 해봤는데요.'라고 자유롭게 말하는 산만한 시간을 보냈으면 좋겠다. '자, 지금부터 써보세요.'라고 앞에서 내가 말을 해도 '조금 더 이야기하면 안 돼요? 저는 아직 할 말이 남았는데요.'라고 말을 했으면 좋겠다. 나 또한 글 쓰는 법을 가르치는 게 아니라 일상에서 동떨어질 시간을 제공한다는 마음으로 대화하러 간다고 생각하면서 수업을 준비한다. 열 사람이 모이면 열 개의 이야기가 나온다. 정말 다 다르다. 가끔 잘 따르고 성장하는 참여자가 있더라도 특별히 애정하지 않고 수업을 방해하며 글을 쓰지 않으려는 참여자를 미움하지 않는 게 나만의 수업 비법이다. 수업에서 말한 비밀은 그 장소에 그대로 묻어두고 수업에서 일어난 감정을 그 시간으로 끝내는 게 가르치는 사람의 도리라고 믿는다.

한번 써보고 싶어서 왔는데, 막상 글을 써보니 힘들어하는 참여자에게, 아니라고 더 써보면 분명히 좋을 것이라고 강요하지 않는다. 글쓰기가 모든 사람에게 언제나 옳고 좋다고도 믿지 않는다. 나의 내면에 맞닿아보는 경험이 불편하여 죽을 때까지 하고 싶지 않은 사람도 있다. 그들도 충분히 존중한다. 그럼에도 불구하고 써보겠다고 용기 내는 사람과 함께 할 뿐이다. 나 또한 그래야 오래오래 글쓰기 수업을 하며 나의 글을 쓸 수 있다. 글쓰기의 수업의 목적은, 내가 글을 쓰는 이유는 다시 제 자리로, 일상으로 잘 복귀하는 거니까.

그저 지금까지 애정을 쏟아 쓴 글과 수업했던 경험을 믿는다. 세월이 흘러서 경험이 쌓였고 다행히 나보다 삶의 깊이가 있는 어른들의 말씀을 들을 여유가 있고 모르는 건 모른다고 말할 용기가 생겼다. 수업을 듣고 있는 분들도 현실로 돌아가면 자신의 분야에서 나보다 똑똑하고 지혜로운 사람들일 거다. 일상에서 각각 최선을 다하고 자신의 일을 해내다가 글이 쓰고 싶어서 혹은 말이 잘하고 싶어서 찾아오신 분들이다. 가끔 내 글을 보고 나라는 작가가 궁금해서 참여했다는 분들을 만나면 그렇게 고맙고 기쁠 수가 없다. 나보다 나이가 많으신 분들도 많은데 그들의 경험과 연륜은 어떻게 따라갈 수가 없다. 나도 모르는 것들은 편하게 질문하고 쉽게 잘 모르겠다고 말한다. 서로 같이 모르는 것들은 함께 알아보자고 대답한다.

20대 초반의 나, 마흔을 앞둔 나. 그때의 나와 지금의 나는 분명히 다르다. 인생 두 배의 시간이 흘렀다. 입장이 다르고 생각이 다르고 그래서 하는 말과 수업 시간의 의미가 달라진다. '5년 전의 나'와 '10년 전의 나' 그래서 '20년 전의 나'가 이렇게나 다른데 사람들은 쉽게 타인과 나를 비교하며 많은 것들을 탓한다. 나에게 대는 기준과 잣대와 타인에게 대는 잣대가 달라서이지 않을까. 타인은 타인대로, 나는 나대로 바라봐야 한다. 각각 독립적인 시선으로 바라봐야 서로를 비교하지 않는다. 비교하지 않아야 동등하게 사람과 사람의 관계로 유지할 수 있고 시선에 대한 독립이 보장되어야 함께 성장할 수 있다.

애초에 비교하지 않는 건 불가능하다. 사람은 비교하면 부딪힐 수밖에 없다. 부딪히며 함께하던 사람과 처음처럼 함께할 순 없다. 비교하고 부딪히는 것보다 모르는 건 모른다고 말하는 게 훨씬 더 편하고 쉽다.

## 감정을 뛰어넘는 성숙함

처음 글을 쓸 때만 해도 온전히 나를 위한 글쓰기였다. 살아왔던 시간 중에서 기억나는 순간을 정리해보고 싶었고 가장 절실했던 건 감정의 정리였다. 인간은 삶의 모든 순간을 기억할 수 없기에 글을 쓴다 해서 인생의 전부를 돌아볼 수 있는 건 아니다. 가능하면 그 기억에서 가장 가까운 현재에 말로 확인하여야 하고 글로 표현해야 한다. 그래서 글쓰기를 시작하기 좋은 시점은 언제나 지금이고 글쓰기는 바로 시작할 수 있으며, 지금 무엇을 시작하는 게 삶을 소중하게 대하는 올바른 자세다.

우리는 성장하고 성숙해가는 나 자신을 잘 지켜야 한다. 성장하면서도 배우고 성숙해져가면서도 배운다. 성숙과 성장은 목적이 아니며 결과물이 아니다. 올바른 자세로 살아가는 과정 그 자체가 성장하며 성숙하게 사는 삶의 과정이다. 지금처럼 살면 오늘만큼 만들어진다. 똑같이 노력하면 당연히 비슷한 결과를 얻는다. 어제와 똑같이 살면 오늘도 어제처럼 살아진다.

결과가 달라지기 위해서는 변해야 한다. 다른 것을 찾기 위해서는 다른 곳에서 찾아내야 한다. 오늘은 과거와 미래의 중간이다. 그 중간에서 과거와 미래를 꽤 이성적으로 바라볼 수 있다. 오늘을 당연히 현재라고 생각하다가 글을 써보고는 오늘을 과거로 표현한다는 걸 깨달았다. 밥을 먹었고 기분이 좋았고 편안했다고 오늘과 어울리는 동사는 과거였다. 그리고 오늘은 꽤 수습하기 좋은 과거라는 것도 알게 되었다. 카톡을 올려보기도 좋고 말실수를 했다면 미안하다고 전화하기도 좋다. 아침에 일어난 순간부터가 선명하게 기억되니 과거 중에 가장 돌아보기 좋은 과거이다. 오늘을 열심히 살고 돌아보며 써봐야 할 중요한 이유가 된다.

정말 솔직히, 이제 글을 쓰면 느낄 수 있는 오롯한 알아차림과 시원함을 잊어버렸다. 마치 경험의 학습처럼 글을 써서 시원했고 나 자신을 제대로 알아차렸다는 건 기억하지만 그때의 짜릿함이나 전율 같은 건 느끼지 못한다. 하지만 여전히 오늘을 과거로 인식한다는 평범한 사실을 내가 쓴 문장에서 찾아내며 배우고 있다. 첫 번째 에세이에서 과거의 기억을, 두 번째 에세이에서 감정을, 세 번째 에세이에서 생각을 적어내고 나는 어떤 방향으로든지 홀가분해졌다. 덕분에 글을 쓰듯 말을 하고 글을 쓰듯 생각하고 글을 쓰듯 기억한다. 평생 글을 쓰며 살겠다는 다짐의 소중한 결과물이다.

이제 글은 오롯이 나를 위한 일이라는 말을 쉽게 하지 못한다. 출간을 위해서는 어느 정도의 분량을 써내야 하고 요즘 서점에는 어떤 책이 인기가 많은지, 독자들은 어떤 글을 좋아하는지, 어떻게 하면 출간을 할 수 있고 어떻게 해야 책이 많이 팔릴 수 있는지 정도는 알고 써야 한다. 좋은 글만큼 출판사와의 약속도 소중하며 이야기로서의 글과 출간 앞의 무수한 타협에는 나만의 문체만을 고집할 순 없다.

모든 글을 다 이렇게 쓰는 건 아니지만 내가 쓰고 싶은 글을 쓰기 위해서는 단순히 글쓰기 외의 부단한 노력이 더 필요하다. 가장 기본적으로 책 한 권 분량의 지혜와 인내심이 있어야 하고 많은 사람이 좋아하고 웃더라도, 한 사람의 상처를 건드릴 수 있는 글이라면 쓰지 않아야 한다. 쓰이면 안 되는 글을 지우며 하지 못 하는 말을 삼키는 순간마다 조용히 깊어지고 있다고 믿는다. 그렇게 나만의 잘 말하며 잘 쓰며 잘 사는 법을 터득하고 앞으로 올 미래를 정돈한다. 어떤 일이든 처음의 좋은 느낌이 끝까지 이어질 수는 없다. 첫사랑의 감정으로 마지막 사랑을 하고 있다면 삶에서 그 어떤 사랑에 대한 결론도 내릴 수 없을 것이다.

오늘도 참여자들에 예의를 다하기 위해 다른 수업을 준비한다. 예전에 했던 PPT를 절대 그대로 가지고 가지 않는다. 이전 수업과 이어서 다음에 진행할 수업을 준비한다. 하고 싶은 말을 써보는 수업을 진행하고 나면 듣고 싶은 말을 써보는 수업이 이어지고, 다방면으로 다양하게 생각하고 글을 쓸 수 있도록 수업을 진행한다. 강의하고 나면 꼭 다음의 알려주고 싶은 말이 생기기 마련이다. 그렇게 해주고 싶은 말을 하며 쌓으며, 그리고 삼키며 글을 쓰는 사람으로서 나도 성장하고 성숙해져간다.

그래도 글이 좋다고 글쓰길 잘했다고 동네방네 소문내며 말하고 다녀서 다행이다. 순간의 감정일 뿐이었다면 모두 휘발되어 남은 게 없겠지만, 다행히 말하고 다녀서 더 잘 기억하고 더 강하게 각인되었다. 증발해버릴지도 모를 나의 과거와 미래를 붙잡고 희망을 품고 기다리는 법이 계속 말을 하고 글을 쓰는 일이 아닐까. 글 쓰면서 나를 더 세밀히 알고 예민하게 느낄 수 있었음을 자랑하고 다녔던 나 자신이 참 대견하고 기특하다. 혼자서만 알고 있었다면 영영 잊어버렸을지도 모를 그런 순간. 말로 각인하고 글로 보존했기에 지금이 얼마나 성장했는지를 제대로 알 수 있다. 어떤 방식으로든 과거를 돌아보고 재구성할 수 있다는 건 그 자체로 나아감이니까. 이 나아감도 소중히 알아차리며 성장할 수 있길.

## 외롭기 싫어도 혼자 있고,
## 그 후의 고독

요즘은 외로워한다는 말에 부정적인 뜻이 있다. 혼자서 뭐든 잘해야 하고 씩씩해야 하고 혼자서 공부하고 혼자 밥 먹고 혼자 영화 보고 혼자 여행도 잘 가야지 멀쩡히 잘 사는 어른이다. 괴롭기보다는 외로움이라고, 감정에도 우선순위를 따져 잘났음과 못났음으로 평가하려 한다. 외로움은 자연스럽게 느끼는 감정인데 그래서 언제, 어디서나 느낄 수 있는 소중하고 당연한 마음이고 느낌, 일상의 스스로 만든 자극이다. 사람들은 당연한 외로움 앞에서 외롭지 않으려 발버둥 치며 스스로를 가두고 빠져나오려 애쓰며 외로움을 어떤 함정으로 밀어넣고 괴로워한다.

나는 혼자서 영화도 보고 밥도 잘 먹지만 이건 어른이라서 하는 게 아니라 애초에 약속을 잡고 시간을 맞추는 데 힘 빼는 걸 좋아하지 않아서다. 약속 잡는 걸 잘 못 하니 혼자 가는 게 더 편하다는 그런. 업무를 제외한 모든 일에 즉흥적이고, 한 달 뒤 혹은 1년 후의 비행기를 예약하는 건 그 여행이 가고 싶지 않다는 뜻이다. 여행이 가고 싶으면 지금 당장 떠나야 하고 내일, 최소한 일주일 후에 떠나는 비행기를 예약해야 한다. 미리 하면 더 저렴하게 할 수 있다고 하는데 그때 가기 싫으면 어떻게, 하는 걱정을 하고 비행기 값이 언제 가장 저렴하다는 정확한 정답을 여전히 모른다.

진정으로 외로웠을 때는 한창 첫사랑이 진행 중이었던 그때이다. 20대 초반 인생에서 사랑을 이론이 아닌 실전으로 배울 때, 연애를 시작할 때는 외로웠다. 연애할 때도 상대가 원하는 것들을 충분히 채워주지 않아서 외로웠고 연애를 쉴 때는 사랑하고 싶어서 외로웠다. 연애로 내가 뭘 원하는지, 무엇을 채워야 하는지 몰라 외로웠다.

지금 생각해보면 인생을 송두리째 바꿔버릴지도 모를 위험한 생각이다. 사람을 만나서 그 사람에게 반하고 그 사람을 알고 알아가며 자연스럽게 생겨나는 사랑이 아니라, 사랑하고 싶고 외로워서 누군가를 만난다니. 사랑하는 사람이 생겼으면 좋겠다니. 그때 나쁜 마음을 먹고 의도적으로 접근하는 사람이 있었으면 큰일 났을지도 모르겠다. 20대가 이래서 불안하다.

20대 사랑을 배울 때의 불안함을 추억으로 한정시켜 지킬 수 있는 건 첫사랑에 대해서 글로 써보았기 때문이다. 글로 써보기 전에 나는 사랑을 갈구하는 이상하고 성격이 더러운 한 여자일 뿐이었다. 글로 써보고 나서야 비로소 20대 초반, 법적으로만 어른이었던 그때가 인생에서 가장 불안했던 때였고, 서툰 첫사랑을 보내는 중이라는 걸 알게 되었다. 첫사랑이 많이 싸우고 불안하고 구속했기에 다음 사랑이 왔을 때 불안하고 짜릿하고 구속하지 않으면 사랑이 아니라 착각했다. 서툰 불안함을 인식하고 인정하고 나서야 비로소 함께해주었던 사람들의 좋은 점이 보이기 시작했다. 나의 과거에는 그때는 몰랐던, 그때 생각했던 것보다 훨씬 더 좋은 사람들이 많았다. 사람에 대한 깨달음의 깊이는 한 해 한 해 깊어지고 불안으로 말했던 사랑이 편안함으로 천천히 걸어가고 있다. 앞으로는 받았던 사랑보다 더 많은 사랑을 베풀고 마음을 나누는 길로 걸어가리라 믿는다.

우리는 외롭다고 느끼는 순간에도 사랑받고 있다. 내 방식대로의 사랑받음이 아니라 인정하지 않는 사랑도 있다. 사랑이 아니라고 믿으면 그 사랑을 모르는 척 잊어버린다. 일상은 짚어주지 않아서 잊히는 사랑으로 가득하다. 어쩌면 다 잊혀서 외로운 거라고. 외로움은 허전함, 공허함을 만들었다. 여러 개의 감정에 하나의 이름을 붙이는 건 참 어려운 일인데, 이 감정이 외로움이란 건 비교적 쉽게 알아차리게 된다. 그때 나를 더 괴롭혔던 건 외로움 자체보다 외로움의 다음 감정이 슬픔으로 표현되어서일지도 모르겠다. 외로움에 슬픈 감정이 생기면 슬퍼하느라 외로움엔 대처하지 못하게 된다. 사랑은 두 사람이 동등하게 존중받는 관계라는 걸 그때는 몰랐다. 사랑에 대한 글을 써보면 내가 어떤 사랑을 받았는지, 어떤 상처를 주며 사랑했는지 구체적으로 알 수 있다.

결혼하고 나서부터는 혼자 하는 데 더 익숙해졌다. 결혼하면 생각보다 얼굴을 맞대고 함께 있는 시간이 잘 없다. 예쁘게 꾸민 모습은 밖에서 만난 사람에게 보여주고 정작 짝꿍에게는 편안하고 피곤한 모습을 더 많이 보여준다. 회사를 가고 나서부터는 혼자 있는 시간이다. 짝꿍이 업무에 회식까지 하고 온다면 나보다 회사 사람들과 더 많은 시간을 보낼 때도 많다. 집에 와서 잠자는 시간까지 빼보면 하루에 얼굴 보고 눈을 맞추고 대화할 시간도 별로 없다. 희한하게 혼자 하는 게 편해지면서도 언제든 돌아올 곳이 있고 의논할 사람이 있음에 한 번 더 안도한다.

예전이 감명 깊게 읽은 책의 저자 북토크를 다녀온 적이 있는데 작가님이 고독에 대해서 정말 근사하게 설명해주셨다. 인문학 교수로서 느끼는 삶의 태도와 지혜가 담긴 고독감을 잘 표현해주셨다. 교수님의 말씀을 들으면서 분명 깊은 공감을 했지만 북토크가 끝나고 그 공간을 빠져나오면서 바로 잊어버렸다. 그리고 얼마 전 독서 모임에서 고독에 대한 이야기를 나누었다. 고독에 대해서 들었지만 쉽게 다 잊었고, 들으면 알 수 있는데 직접 말할 수 없는 정도로 아는 것 같다고 말했다. 더 솔직히 아직은 고독을 잘 모르겠다고. 그 후로 독서 모임도 외로움도, 고독도 잊고 살았다.

요즘 들어 일이 많아지고 하루에 세 개 강의를 할 만큼 바쁘다. 꽉 찬 평일을 보내고 나면 주말에 짝꿍이 와서 짝꿍을 위한 시간으로 함께 보낸다. 일요일 밤늦게 짝꿍을 보내고 나면 긍정적으로 고단한 나만 혼자 익숙한 공간에 남아 잠을 자고 월요일이 오롯하게 혼자 보낼 수 있는 시간이다. 그날도 일요일 밤 잠들면서 내일 아침엔 일찍 일어나 등산을 하고 오후에는 글을 써야겠다고 다짐했다. 하지만 월요일 아침 눈을 뜨자마자 다시 잠들었고 중간에 잠깐 일어나 라면을 끓여 먹고 초콜릿 몇 개를 까먹고 다시 잠들었다. 밤 여덟 시쯤 일어나서는 제법 에너지가 충전되었는데, 시간이 늦어 다음 날 수업 준비만 하고 다시 그대로 잠들었다.

화요일 아침에는 깨끗한 정신으로 일어나서 샤워하는데 샤워기에서 나오는 따뜻한 물이 물의 온도만큼 나만의 공간을 만들어주었다. 몸을 웅크리고 앉아 물을 온몸으로 맞는데 제법 고독했다. 바쁘고 몸은 고되지만 일을 할 수 있는 감사함, 좋아하는 글을 쓰고 하고 싶은 말을 가르치며 느끼는 삶의 성찰, 자유로운 시간은 줄었지만 변함없이 짝꿍이 오는 주말, 아무 일도 일어나지 않은 어제. 그리고 오늘 아침을 감당하는데 편안한 고립감을 주는 이 순간, 나는 고독한 게 아닐까.

외로움을 견디면 혼자서 할 수 있는 때가 오고 혼자 만든 성취감으로 지금을 견디면서 함께 고독을 배워가는 것. 그렇게 인생을 배워가면서 편안하게 고독해지고 싶다.

## 마음의 민낯을 마주하며 삽시다

세 권의 에세이를 접고 다른 글을 써보고자 하여 소설을 쓸 때였다. 계절을 닮은 사랑 이야기라고 소설이라고 30쪽 정도 쓰고는 처음으로 되돌려 봤더니 에세이였다. 다시 소설처럼 시점에 집중하고 각각의 주인공의 시선으로 상황을 만들고 심리를 묘사하는 데 중점을 두고 퇴고했다. 다시 30쪽 정도에 도달했을 때 처음으로 돌아가 봤더니 또 에세이였다. 누가 봐도 에세이 같은 글이 있었다. 정말 미칠 것 같았다. 내가 이렇게 글을 못 쓰나, 에세이와 소설도 구분 못 하나, 소설을 썼는데 어떻게 에세이가 쓰여 있나. 이러고 '작가님!' 하고 부를 때 웃으며 대답했나, 오만 자괴감이 들었다. 그때 가장 다행이었던 건 글을 쓰는 것만으로 미치지 않음을 잘 안다는 것. 자괴감이 드는 그때마저 글을 쓰는 데 어떤 해소가 있다는 것. 그 해소를 찾으면 많은 것들이 잘 마무리된다는 것.

지금 생각해보면 어떻게 그렇게 다른 사람들의 말을 신경 안 쓰고 쓰나 싶다. 그때도 에세이를 써달라는 청탁이 있었고 편하게 쓰던 글 쓰라는 주변 사람들의 조언이 있었다. 그런데도 기어코 소설을 쓰며 느끼는 자괴감이라니. 확실한 사실은 그때의 괴로움에 후회는 없다. 후회가 있더라도 그 후회마저 사랑한다. 나를 아주 많이 닮은 여주인공이 나처럼 별다른 사고를 치지 않는 반전 없는 소설이지만 어쨌든 마무리했고 출간을 했다.

등산할 때 유독 많이 들리는 말이 있다. 정말 죽을 것 같다고, 힘들어서 죽을 것 같다고, 숨이 안 쉬어진다는 말을 매우 구체적이고 절실하고 생생하게 진심으로 한다. 처음 등산을 시작할 때 나도 그런 느낌을 많이 받았다. 정말 숨이 턱까지 차서 죽을 것 같은데 확실한 죽음에 대한 두려움은 아닌 그 느낌을 잘 안다. 그렇게 죽을 것 같은 심정은 다리를 움직이지 않으면 기다렸다는 듯 괜찮아진다. 등산을 하게 되면서 체력이 좋아지고 몸의 밸런스가 잡히고 군살이 빠진 장점도 있지만 사실 가장 큰 깨우침은 죽을 것 같아도 죽지 않고 정상을 찍을 수 있다는 사실과 의지가 있으면 어떻게든 정상을 찍고 내려온다는 것이다. 그렇게 죽지 않는 경험을 반복하면 등산력은 향상된다.

내가 느리면 함께 간 사람이 기다려줘야 한다. 내가 원하지 않는 좋은 마음으로 기다려주는 사람이 있다. 그 좋은 마음을 꺾을 힘이 없을 때 긍정도 부정도 아닌 힘을 낸다. 나를 기다려주는 사람이 편안하기도 부담스럽기도 하다. 나보다 체력이 좋지 못한 사람이 있으면 나도 그들을 기다려줘야 한다. 어차피 스스로 올라가야 하므로 두고 먼저 가는 게, 혹은 기다려주는 게 답은 아니다. 그저 사람의 성향이고 함께 갔다면 견뎌야 할 인간관계이다. 더 좋은 결과도 그렇다고 나쁜 결과도 아니다. 힘들면 모르는 사람들끼리 응원해주기도 하고 10분 남았다는 말의 반복이 얼마나 많은 감정을 일으킬 수 있는지와 오를 때 마음과 내려올 때 마음이 얼마나 다른지를 여실히 느낄 수 있는 삶과 죽음, 관계의 축약형 같다.

이제 내 주변에는 어른들밖에 없다. 만나서 함께 일을 하는 사람이 다 어른들이고 청소년과 청년과의 만남에서 뭘 조심해야 할지 고민하면서 새삼 내가 어른인가, 나이가 든 건가 생각하게 된다. 학생들의 입장이 명확하게 상상되지 않고 말로 들어도 온전히 이해하지 못하면서 나이 듦을 실감한다. TV에서 보이는 젊은 연예인이 어리게 보인다. 예전에는 농담으로 잘생기면 다 오빠라고 했는데 이젠 스무 살이나 차이 나는 연예인들은 농담이라도 오빠라는 말도 나오지 않는다. 나이가 든 만큼 농담에도 양심이 생겼나 보다.

어른쯤 되면 내 삶과 가족의 삶쯤은 책임질 줄 알았고 삶의 기반은 당연히 잡혀 있을 줄 알았다. 어른은 다 잘하고 어른들이 하는 말은 다 옳은 말일지, 그러니까 어른이 된 내가 한 말이 다 정답이 될 줄 알았다. 요즘은 동안이라는 말이 무색할 만큼 외모를 보고는 사람의 나이를 판단할 수 없다. 자신이 직접 말하지 않는 한 나이를 가늠하기 힘들고 또 열 살쯤 어리게 말해도 아마 그런가 보다 할 거다.

마흔이 되어도 마음의 민낯을 유지할 수 있을까. 마음의 민낯으로 사람을 만날 수 있을까. 이제 화장하지 않고 거울을 보면 얼굴이 밋밋해서 알아볼 수가 없다. 눈코입이 있는 듯 없는 듯 뭉그러뜨려져 있고 거무스름한 표정으로 어릴 적 기억 속 엄마가 나를 바라보고 있을 뿐이다. 민낯의 꾸밈은 표정뿐이다. 마음의 민낯에 당당하기 위해서는 표정을 관리하고 말을 잘하는 기법을 배울 게 아니라 자연스럽게 만들어질 분위기, 사람의 내면을 관리해야 한다.

## 편안한 무관심으로 존재를 인정하기

일요일 오전, 샤브샤브 집에서 점심을 먹다가 짝꿍이 출장을 갈지도 모른다고 말했다. 내일 출근을 하면 캐나다 2주 출장 여부가 정해진다고 했다. 캐나다는 지금 영하 40도까지 내려가는 아주 추운 계절이다. 10시간 넘게 비행기를 타고 시간과 공간을 거슬러 2주 동안이나 한국과 밤낮이 다른 먼 나라로 출장을 간다는데 걱정이 앞섰다. 날씨가 추우니까 두꺼운 옷을 챙겨가려면 큰 캐리어도 있어야 하고 한국의 추위와 캐나다의 추위는 비교할 수 없기에 방한용품도 필요하다. 무엇보다 음식이 다르니까 햇반이나 참치, 스팸이 집에 있나 하는 오만 생각이 들었다. 막상 당사자는 태연했다.

"안 갈 수도 있잖아. 아직 확실한 것도 아닌데 뭐. 결정 나면 준비하면 되지.”

샤브샤브 고기를 육수에 담그면서 가만히 생각해보니 그랬다. 안 갈 수도 있는데 괜히 유난 떨 필요는 없다. 우리는 평소와 똑같이 샤브샤브를 먹고 커피를 마시고 짝꿍은 책을 보고 나는 글을 쓰다가 집으로 왔다.

짝꿍이 이직을 결심하고 3년에서 길게는 10년 정도 해외로 발령받을 수도 있다고 말을 했을 때 나는 많이 놀랐다. ‘최소한 3년? 10년이면 그때 나는 몇 살이야.’ 나이가 가장 먼저 계산되었다. 다음으로 오만 걱정이 스쳤다. ‘세상에 어떻게 그럴 수 있니, 이게 말이 되니.’ 하는 몇몇 문장이 떠올랐지만 다 말하지는 않았던 기억이 난다. 3년이 될 수도 있고 10년이 될 수도 있다. 처음에는 해외에 나가 있는 시간이 길어질수록 내 삶이 잘못된 방향으로 갈 것 같았다. 하지만 ‘내 삶이 틀어질까 봐.’라는 일어나지 않는 일에 대한 걱정과 예상은 어떤 말의 근거도 되어주지 못했다. 불안하다고 혼자 있기 싫다고 짝꿍의 꿈을 포기하라고 더더욱 말할 순 없었다. 그날도 우리는 평소처럼 밥을 먹고 잠을 잤다. 해외로 발령이 날 수도 있지만 나지 않을 수도 있다.

시간을 가지고 찬찬히 생각해보았다. 노트북을 열고 적어보았다. 현실을 그대로 적어보니 최선의 선택은 없었다. 최악을 피해야 했다. 무엇이 우리 가족에게 최악인지를 머릿속으로 그렸다. 해외 지사로 가지 말라고 말린다면 우리의 불행은 시작될 것이다. 짝꿍도 나 때문에 꿈을 접어야 하나 고민을 시작할 거다. 그렇게 불행한 시간을 보내다가 발령이 나면 불안해하는 나를 한국에 남겨두고 불안한 나에 대한 기억을 가지고 해외로 가야 한다. 이것이 내가 그린 최악이었다. 만약 반대하다가 짝꿍도 자신의 꿈을 포기하고 한국에 남는다면 그것도 다른 방식으로 최악이었다. 사랑하는 사람의 꿈을 꺾은 사람으로 평생 남고 싶진 않았다. 여기까지 생각이 정돈되자 그저 잘 보내줘야겠다고 생각을 했다. 잘 보내주고 건강하게 잘 돌아오는 게 우리가 함께 만들 수 있는 둘만의 최선이지 않을까.

우리는 '우리 여보 하고 싶은 거 다 해.'라는 말을 평소보다 더 자주, 농담처럼 하면서 여전히 친구 같이 산다. 아직 확정되지 않은 일에 호들갑 떨지 않으면서 시간을 버는 게 우리가 사는 방법이다. 가장 걱정이 앞서고 불안한 건 당사자이지 않을까. 충분히 생각해보고 적당한 결정을 내리고 어렵게 말을 꺼냈을 거다. 마음이 조금 진정되고 나서 왜 해외로 가서 일하고 싶냐고 물었더니 나이 들면 할 수 없을 테니까, 지금은 젊어서 도전을 해볼 수 있고 명확하게 돌아올 자리가 있다는 말을 아주 장황하고 주어와 동사가 없는 설명으로 말했다. 명확하게 돌아올 자리가 되어주는 것과 겨우겨우 억지로 알아들어 이해하는 게 내 몫이다. 짝꿍은 정말 내가 말을 잘하고 잘 알아듣는 거에 감사해야 한다.

사람들은 각각이 말하는 의미와 입장은 확연히 다르다. 정답이 없는 건 기본이고 어떤 일은 원인과 결과도 모호하다. 성공과 실패도 바뀐다. 시간은 각자의 입장에서 길다고 생각하면 길고, 짧다고 생각하면 짧다. 3년과 10년도 마찬가지다. 상상하는 시간과 실제로 시간이 가지는 힘은 다르다. 언제나 삶은 3년과 10년이라는 극단적이지 않은, 단답형 결과를 주지 않는다. 우리는 해외와 한국을 오가며 함께할 방법을 찾을 것이다. 기다리기만 하면 한없이 긴 시간이고 나를 위한 시간을 잘 보내면 짧게 느껴질지도 모르겠다. 길다고 생각해도 막상 지나다 보면 짧다고 생각할 수도 있고 짧다고 생각하다가도 한없이 빈자리가 느껴질지도 모르고. 출장도 그렇다.

해외 출장 경험이 없는 나는 여행의 감상에 젖어 일도 조금 하겠지, 정도로 생각한다. 캐나다, 핀란드, 독일. 몇 개의 출장 예정지를 말할 때 나는 그 나라의 쇼핑리스트를 먼저 검색했다. 캐리어는 얼마나 커야 할까, 관광지를 가려면 어떻게 해야 하나. 미술관은 근처에 있을까 같은 여행 일정밖에 떠올리지 못했다. 굳이 많은 말로 서로가 얼마나 다른 생각을 하고 있는지를 나열할 필요가 없었다. 그저 안녕히 출발하고 안녕히 돌아오면 괜찮지 않을까 정도로 생각이 마무리되었다.

'이 남자는 아직 꿈이 있구나.'

아직 철이 덜 나고 늘 현실에 치어 사는 줄 알았는데, 내 곁에서 삶이 곧 꿈을 이루는 과정으로 미래를 기대하며 최선을 다해 살고 있다고 생각하니 새삼 멋있어 보였다. 살면서 이루고 싶은 꿈이 있다면 그걸 기다려주는 게 평생 친구인 내 몫이 아닌가. 결국 꿈이 있는 남자를 내가 선택한 거니까. 내가 잘 기다리는 건 또 어떻게 알고. 우리 둘 다 서로 다른 기쁜 마음을 품고 짝꿍은 출장은 갔고 나는 보냈다. 추운 지역으로 가니까 두꺼운 옷을 챙겨가야 해서 28인치 캐리어를 샀는데, 캐리어 색깔을 골라주고 짐을 다 넣고 나서 얼마나 무거운지 들어보는 정도 해주었다. 나의 역할은 딱 그 정도였다. 계속해서 꿈을 꿀 수 있는 건 어쩌면 지켜주는 사람, 기다리는 사람이 있는 사람의 특권이지 않을까.

나이 들수록 삶의 깊이가 궁금해지면서 편안한 삶을 살수록 행복이 어렵지 않다. 잘 말하지 못해도 제대로 이해해주는 것, 내가 듣고 싶은 말이 있다면 그 말을 할 수 있도록 물어봐 주는 것, 일어나지 않은 일에 걱정을 더해서 힘 빼지 않는 것. 그 정도면 행복하게 살 수 있다. 책을 처음 쓸 때만 해도 평생 사랑하면서 살고 싶은 사람이었다. 평생 사랑해야 행복할 줄 알았다. 그런데 책을 쓰면 쓸수록 평생, 사랑, 사람에 대해 더 진지해져서 뭐 하나, 과연 사랑을 제대로 알고나 있나 고민하면서 사랑은 그냥 삶과 스며 있다고 믿게 된다.

요즘은 물러서는 사랑에 대해서 생각한다. 하루에 대여섯 시간 정도 글을 쓰면 그날 저녁에는 탈진 상태가 된다. 아무것도 할 수 없는 상태,

아무것도 하기 싫은 상태가 온다. 그럴 때 거실의 소파에 머리를 기대고 이불을 덮고 눈만 깜빡이고 숨만 쉰다. 밤 10시에 짝꿍이 쓰레기를 버리러 내려가자고 했다. 택배 박스와 스티로폼 박스, 쓰레기봉투가 묶어져 누가 봐도 두 명의 쓰레기가 준비되어 있었다. 소파에 기대서 눈동자만 굴려 짝꿍을 보며 그 눈동자로 '못 하겠어.'라고 말했다. 짝꿍은 눈을 조금 동그랗게 뜨고 손으로 오케이를 만들고 말없이 두 번을 혼자 왔다 갔다 했다. 희한하게 그때 사랑을 느꼈다. 편안함을 사랑으로 착각할 순간이라고나 할까.

평소 짝꿍은 내가 하는 일에 그리 관심이 없다. 돈을 잘 벌 수 없는 글을 쓴다고 할 때도, 재능기부를 하겠다고 할 때도 그러라고 했다. 강사료가 높은 강의를 한다고 할 때도 그러라고 했다. 출간을 했다고 해도 그런가 보다 한다. 내가 쓴 책은 읽지도 않는다. 서점에 가서 한 권 사라고 하면 같이 가자고 하고 인터넷으로 사라고 하면 그제야 제목을 묻는다. 제목을 모른다는 증거다. 내 이름을 검색하면 적당히 나올 텐데 내 앞에서 머리를 굴리지 않는다는 걸 증명해준다. 그런데도 희한하게 응원하고 있다는 느낌을 받는다.

언젠가 그냥 '여보가 행복하면 좋아, 웃으니까 좋아.'라고 말해주던 기억이 많은 의미가 담긴 사랑이지 않을까. 짝꿍에게 이런 말을 듣고 있으면 작가랍시고 사랑을 단어로 혹은 짧은 문장으로 정의하려 했던 나 자신이 부끄러워진다. 여전히 키 크고 못생기고 똑똑한 사람을 보면 설레지만 짝꿍은 키가 크지도 않고 잘생긴데다가 자기 분야 말고는 관심도 아는 것도 없는 사람이지만, 짝꿍만큼 나를 편하게 해주는 사람은 없다. 나는 그런 포근함을 사랑이라고 부른다, 어쩌면 그 사람의 편안함에 익숙해져 하루하루 다르게 사랑을 정의하면서 우리만의 사랑을 만들어가고 있나 보다.

## 사랑이 인간관계라고?

소설을 출간하고 북토크를 진행했다. 썸과 연애, 동거와 결혼에 대한, 쉽게 말해서 사랑 이야기를 자유롭게 대화 형식으로 진행했다. 참여자들 역시 사랑이 뭔지, 심지어 있는지 없는지 몰라도 사랑을 시작하고 유지하고 누군가와 만들어 가는 게 정말 힘들다는 데는 동의했다. 모인 사람들의 나이는 다 달랐지만 나이 먹을수록 사랑의 힘듦은 더 심해지고 있단다. 결혼하지 않은 사람들은 이미 괜찮은 사람들은 다 결혼했다며 속상해하고 결혼한 사람은 상대가 별로란다. 그럼 괜찮은 사람은 결혼한 상태도, 하지 않은 상태도 아니란 말인가. 사람들은 대부분 내가 쏟는 노력과 에너지보다 더 좋은 사람을 원했고 가성비 좋은 사랑의 성공을 꿈꾸며 결혼을 잘하길 바랐다. 소개팅도 잘되지 않으면 감정낭비, 시간낭비, 돈낭비일 뿐이니 잘된다는 확신이 없는 소개팅에 쓰는 돈도 아깝다고. 맘에 들지 않는 상대와 먹는 밥값이 아까우니 당연히 소개팅은 N빵이라고. 그런 면에서 사랑도 결국 인간관계였다.

지인과 인간관계 〈 우정 〈 사랑 〈 가족

나에게는 이 식이 성립한다. 지인에서 우정이 되고 우정이 사랑이 되고 가족이 되는 데까지는 점점 더 시간이 많이 걸린다. 하지만 역방향은 없다. 아니 결코 없다. 우정보다 사랑이 짙고, 사랑보다 가족이 더 짙다. 아직 내 의지로 가족을 끊어내거나 사랑이 우정이 되었던 적도 없다. 다들 겁내지 말고 오롯이 용기 내어봤으면 좋겠다. 상상되는 걱정 때문에 상상되지 않는 기쁨을 놓치지 않길 바란다.

싫은 건 아닌데 이상형과 먼 몇 가지 이유 때문에 썸이 두렵다는 사람에게 나는 정말 오롯이 반했냐고 반문했다. 어떤 조건과 이유로 만남을 망설이고 있다면 그건 조건과 애매한 기준보다 충분히 반하지 않아서다. 조건과 이유가 아무리 충분해도 그런 사람들과 모두 사랑에 빠지지 않는다. 과거의 단순하게 사랑에 빠지고 누군가에게 반했던 그때의 나를 떠올려보는 시간이 되길 바란다.

북토크가 시작되기 10분 전에 짝꿍에게 전화가 왔다. 북토크는 4시에 시작해서 6시에 끝날 예정인데 그때 출발해서 자기를 KTX역으로 데리러 오면 된다고 말했다. 6시에 출발을 해야 자기 도착 시간을 맞출 수 있으니 오래 끌지 말고 정확하게 마치라고 했다. 진행자가 그 정도는 조절할 수 있지 않냐며, 자신을 데리러 오기 좋은 기가 막힌 시간에 정말 예매를 잘하지 않았냐고 자랑했다. 나의 짝꿍은 북토크를 진행하고 피곤할 와이프를 데리러 오는 멋진 왕자님이 아니라 자신을 데리러 오면 빨리 만날 수 있다고 장난치는 초딩이다. 이게 나의 현실이다.

짝꿍의 말대로 정확히 6시에 북토크를 마치고 차에 타서 출발하려 시동을 켜는데 피곤이 몰려왔다. 하품이 나오고 눈물이 나오는 정도, 움직이면 죽을 것 같지만 움직여지고 핸들을 붙들고 액셀과 브레이크를 밟을 수 있는 정도, 병원은 안 가도 되는 정도였다. 어쨌든 고속도로를 탔고 기가 막히게 픽업을 했고, 짝꿍은 고생한 나를 위한 선물이라며 언양 불고기를 먹으러 가자고 했다. 이제 7년 정도 같이 살다 보니 이건 나를 위한 선물이 아니라 자기가 먹고 싶었음을 잘 안다. 표정과 말투만 봐도 알 수 있다. KTX를 타고 오면서 신나게 검색하고 언양 불고기를 잔뜩 기대하고 왔을 짝꿍을 생각하니 귀여워서 잠시 웃음이 나왔다. 피곤했던 나는 하품과 눈물이 나와서 어떻게 밥을 먹었는지 잘 기억이 나지 않는다. 나는 제대로 먹지 못했고 하품을 하며 눈물을 쏟았다. 다행히 짝꿍님은 맛있게 드셨고 모시고 집으로 왔다.

집에 돌아와서 정리하고 11시쯤 되니 배가 고팠다. 그냥 잘까 했는데 짝꿍이 떡볶이를 해준다고 했다. 냉동실에서 즉석 떡볶이 재료와 김말이를 꺼내고 요리를 시작했다. 금방 맛있는 냄새가 났다. 게임용 헤드폰을 쓰고 주방과 게임 방을 부지런히 오갔다. 영락없이 덩치만 큰 초딩이다. 그 뒷모습은 어떤 일에도 웃을 수 있는 나의 웃음 버튼이다. 맛있는 냄새에 이끌려 주방으로 갔는데 냄비 안에는 물에 빠진 김말이가 들어가 있었고 떡볶이 2인분이 3~4인분처럼 불어 있었다. 밤늦게 기름진 음식을 먹으면 안 좋으니까 나의 건강을 위해서 김말이를 물에 불려 기름기를 빼고 데웠다고 했다. 이 와중에 정상적인 요리를 기대하고 있었다니, 나도 참, 그 순간이 기가 막혀서 웃겼다.

그저 이게 맛있으면 정말 대박이라 생각하며 헛웃음 났다. 배가 고팠고 매운 게 땡겼다. 설거지를 줄이고자 둘이 가스레인지 앞에 서서 젓가락 한 짝씩을 들고 콕 찍어 먹는데 너무 맛있는 거 아닌가. 우리나라 떡볶이 회사는 정말 위대하다. 심지어 김말이도 맛있었다. 다 불어 터지긴 했지만 떡볶이 국물과 비벼 먹으니 정말 기가 막혔다.

그날 밤, 적어도 우린 가성비를 찾아가며 같이 사는 건 아니라는 생각이 들었다. 사랑은 가까운 곳에 뒷모습으로 있을 수도 숨어 있을 수도 있다. 밤에도 나오고 아침에도 나온다. 이상하고 쓸데없이도 나타날 수 있다. 물에 빠진 김말이는 가족은 인간관계가 아님이 당연하듯 맛있었다.

## 아무리 읽어도 성에 안 차서

요 며칠 손에 잡히는 대로 책을 읽었다. 펴고 덮고, 또 펴고 또 덮고. 아무리 읽어도 성에 안 찼다. 재미가 없는 게 아니다. 책은, 그리고 저자는 아무런 잘못이 없다. 그냥 내 성에 안 찼다. 소설, 에세이, 자기계발서, 철학책 구분하지 않고 예전에 읽었던 책이든 처음 보는 책이든 그냥 읽었다. 그럭저럭은 읽혔다. 내용도 머리에 그려지고 배움도 있고 재미도 있다. 그런데 성에 차지 않았고 끝까지 읽진 못했다.

성에 차지 않는 마음을 다스리며 멍하니 앉아 있는데 스무 살 때의 내가 떠올랐다. 스무 살, 나는 공부도 못했고 꿈도 없었다. 공부는 잘하고 싶은 마음이 없었으므로 자의로 못했고 꿈이 필요 없을 만큼 사는 이유는 분명했고 단순하게 행복했다. 그때 도서관에서 그렇게 철학책을 읽었다. 가끔 다른 책을 읽기도 했는데 성에 차지 않았다.

나는 책을 읽고 배우는 사람이 아니라, 책에 실망할 권리를 철저히 누리는 사람이었다. 철학책은 마음에 들었다. 지금 생각해보면 공부 못 하고 꿈도 없이 그냥 착하게 살아도 된다는 허락 같은 안도감을 줬던 것 같다. 20년 전의 감정을 기억해내고 다시 확인하는 나도 참… 이렇게 보면 감정은 나이 먹지 않고 과거는 기다려주나 보다. 그때나 지금이나 성에 차지 않는 건 참 그대로인 나란 사람.

달라진 게 있다면 그때는 시작이고 지금은 과정이라는 약간의 확신과 여백을 인정하며 성에 차지 않는 것들을 채울 수 있음을 인지하고 있음이다. 생각이 많은 건 재능이고 그 말을 다 할 수 있는 건 특권이다. 어떤 말을 했을 때 상대방이 속상할 거란 생각을 하지 못하고 머릿속에 있었던 생각을 모두 퍼부었다면 그건 상대의 상식 밖에서 특권을 누린 게 된다. 일단 말을 내뱉고 나서 사과하는 게 어린 내가 할 수 있었던 최선의 수습이었지만 그 사과가 얼마나 위로가 되었는지 알 수 없고 사과로 모든 걸 수습했다고 할 수도 없다. 우리는 위로받고 공감받고 싶어 하지만 사실 그 위로와 공감도 결국 마음이 움직이고 있음을 느끼는 감정이라 평가와 판단의 대상이 아니다. 다른 사람이 해주는 게 아니라 나를 고립시키지 않으며 스스로 느끼는 것이다. 편안함을 향한 안도도 다 내 속에서 나만 알아차릴 수 있게 일어난다. 눈에 보이지 않는 마음이 움직여야 눈에 보이는 변화가 일어나고 내 속의 변화를 알아차려야 힘든 현실을 벗어날 수 있다. 어쩌면 위로도 공감도 나 스스로 해야 할 역할이 있다.

글을 쓰면서 화가 났을 때 집안 구석구석을 청소하고 나서 느끼는 시원함과 뿌듯함 이상의 정돈된 내면을 경험할 수 있었다. 출간해보았기에 가득 찬 보람을 느낄 수 있었다. 시대가 변한 만큼 그 속도에 맞춰 현기증 나지 않게 성숙해져가는 방법이었다. 기억하는 생각보다 기억하지 못하는 생각이 훨씬 많을 테고, 적어두지 않은 생각은 금방 휘발되어 다시 돌아오지 못하기도 한다. 기억하지 못하는 기억이 진정 나의 기억이긴 할까.

말로 입힌 상처도 증거를 남겨 몸에 입힌 상처만큼 책임을 져야 하는 세상이다. 말로 일으킨 문제를 글로 처리한다고 할까. 말로 사고 치고 글로 수습한다고나 할까. 마치 글을 쓰는 걸 인생의 반성문을 쓰는 것처럼 생각하는 부채감 때문에 우리가 글을 쓰는 걸 어려워하는지도 모르겠다. 나는 말하기 다음의 순서가 자연스럽게 글쓰기라고 믿는데 말로 받은 상처가 많아서 그다음의 글을 쓰기 힘든지도. 마치 짝사랑하는 사람에게 서툴게 고백해서 거절당하고는 편지라도 써서 관계를 정리하는 것처럼 화가 나서 한 말을 곱씹어 미안하다는 뜻을 담아 장문의 카톡으로 전하는 것처럼 글을 어떤 실수를 해결하고 사건을 처리하는 데 쓰기 때문에 글쓰기를 더 어렵다고 생각하고 있다. 여백이라는 단어가 가장 어울리는 요 며칠. 요 며칠을 잘 표현할 수 있는 단어를 찾거나 안되면 만들어야겠다. 다음 소설에 써먹어야지.

이렇게 오늘도 아무리 읽어도 성에 차지 않은 하루와 말로 느낀 특권을 글로 쓰며 보낸다.

## 독서는 두 번 읽는 것이다

책의 즐거움을 느껴본 적이 없더라도 글을 직접 써보지 않았더라도 어떤 암기 이론처럼 책의 필요성을 알고 있다. 독서와 글쓰기의 중요성이 강조되면서 요즘 아이들이 책을 읽지 않는다며 걱정하는 어른들이 많다. 글을 쓰고 책을 읽어야 할 시간에 아이돌을 따라 춤추며 짧은 영상으로 중요한 것들을 놓치지 않냐고. 집중력과 인내심, 창의력, 지식보다 깊은 지혜를 위해서 핸드폰을 보기보다 책을 읽어야 하지 않냐고.

나는 어렸을 때 책을 많이 읽지 않았다. 책이 어려웠다. 글로 묘사해놓은 장면을 머릿속에 다 그리지 못했고 그 장면을 이어서 이야기로 만들어 감동까지 받을 실력이 되지 못했다. 주인공의 말과 행동이 이해되지 않으면 바로 장면이 끊기고 생각이 막혔다. 읽었던 부분을 또 읽고 또 읽어도 이해하지 못해서 설명을 들어야 했다. 그 설명은 내 생각에 자연스럽게 녹아들지 못했다. 설명을 들어도 받아들여지지 않는 글이 많았다. 상상되지 않는 장면으로 이야기를 이어가는 것도 버거웠다. 돌려서 말했지만 국어를 못 했고 재밌지도 않았다. 국어 시간은 상상하는 머릿속을 막으면서 국어점수로 증명해야 하는 의무적인 시간일 뿐이었다.

독서는 작가의 생각을 읽고 독자의 생각을 조화시키는 생각의 대화이다. 독서의 한계라면 실시간적인 쌍방 대화는 할 수 없다는 것. 글을 쓰는 당시 작가의 표정과 눈빛, 글을 썼던 손가락의 속도와 오타의 흔적을 알 수 없다. 독서를 작가와의 대화라고 흔히 말하는데 책을 선생님처럼 독자를 학생처럼 생각해서 할 수 있는 말이지 않을까. 책이 정보와 이야기를 주고 독자는 일방적으로 받아들이기에 좋은 대화를 위한 공감에는 한계가 있다.

책을 '잘' 읽는다는 건 결코 쉬운 일이 아니다. 그래서 하루 만에 책 한 권을 다 보았다거나 책을 재밌다, 좋다는 한마디의 단어로 표현하는 사람의 말을 잘 믿지 않는다. 정말 좋아서 감동받은 사람은 다양한 말과 표정과 몸짓으로 더 이야기해서 어떻게, 얼마나 감동받았는지를 감정적으로 표현하려 한다. 독서 후 느끼는 감동은 책을 읽고 시간이 지나 내용을 다 기억하는 것과는 다른 이야기다. 책에 대한 진짜 대화가 하고 싶다면 작가와 독자가 직접 만나거나 차라리 카톡이라도 해야 하지 않을까. 그렇게 말과 글, 표정과 태도를 확인해야 하지 않을까. 아니면 독서 모임을 통해 같은 책을 읽은 사람들과 만나서 이야기하며 의미를 되새겨봐야 제대로 읽었다고 할 수 있다.

책은 처음에 공감하던 이야기도 뒤로 갈수록 생각했던 내용과 달라지면 재미없어지기 마련이다. 목차와 예상했던 내용을 벗어날 수도 있다. 책을 읽는 내 컨디션도 매번 다르다. 하루에도 몇 번씩 사람의 마음이 바뀌는데 어떻게 처음부터 끝까지 작가의 그러니까 다른 사람의 지식을 이해하고 옹호할 수 있겠나. 작가와 독자는 애초부터 다른 사람인데 어떻게 모든 말을 다 받아들일 수 있겠나. 요즘은 책 대신 영상으로 필요한 정보를 찾고 알고리즘과의 대화로 영상을 추천받아 많이 본다. 책에 더 시간과 노력이 많이 들어가고 전문성과 깊이가 있다는 데는 동의하지만 책은 점점 노력하면 쓸 수 있게 되었고, 전문가도 유튜브 영상을 제작하는 추세라 미디어와 책의 우열을 굳이 가릴 필요는 없다.

우리는 책 읽기보다 더 중요한 게 많아서 책을 읽지 못하는 거다. 시간이 없다는 건 핑계라고 쉽게 말하는 사람이 많아도 핑계도 일종의 이유다. 일상에서 낮에는 생업을 위해 일하고 저녁에 시간 내서 취미 생활을 하는 사람이 어떻게 글만 쓰는 작가의 가치관을 모두 이해할 수 있겠나. 우리 모두 작가로 살아가는 것도 아니고 책 한 권 안 읽는다고 사는 데 크게 지장이 없다.

나는 천성적으로 책 읽으면서 스트레스가 풀리도록 태어나서 스트레스를 책으로 풀지만 모든 종류의 책을 다 쉽게 읽는 건 아니다. 나 역시 여전히 소설이 어렵고 전문 서적은 노트와 펜을 준비해서 적으면서 보아야 머리에 뭐라도 남긴다. 이 모든 과정은 재미있는 놀이가 아니라 성장의 과정이다. 천성적으로 책을 읽으면 스트레스를 받고 책만 보면 졸린 사람의 성향도 얼마든지 존중받아야 한다. 모든 사람이 책 읽고 깨달아서 성장해야 하는 건 아니니까. 책이 가성비 좋은 간접경험을 주지만 직접 경험을 더 중요한 사람에게는 싱거운 정보 전달일 뿐이다. 책을 사고 끝까지 읽지 않은 사람은 그 책을 읽은 사람일까, 읽지 않은 사람일까. 책의 결말이 마음에 안 든다면 과연 그 책을 끝까지 읽는 게 좋은 걸까.

책을 읽으려면 제대로 읽었으면 좋겠다. 여러 권의 책을 읽는 것보다 한 번 읽은 책을 읽고 또 읽었으면 좋겠다. 한번 읽은 책을 다시 보면 분명히 알아차릴 수 있는 게 다르다. 독서 후 얼마나 성장했는지 바로 확인하는 법은 읽었던 그 책을 다시 읽는 것이다. 읽었던 책을 다시 읽으면 처음 읽었을 때 보지 못한 것들이 보이고 하지 못했던 생각을 하면서 빨리, 더 여유롭게 독서 하는 자신을 발견한다. 읽은 지 오래된 책을 다시 읽었는데 정말 새롭게 느껴졌다, 이 책이 이렇게 좋은 책인지 몰랐다는 말을 자주 들었다. 그때마다 나는 '혹시 자신이 달라진 거 아닌가요?' 하고 되묻는데 대부분 '그러네요.' 하고 수긍한다. 찬찬히 생각해보면 그 책은 그 자리에 그대로 있을 뿐이었으니까.

한 번 읽은 책을 다시 읽으면 더 깊은 깨달음이 있듯이 글도 쓰다 보면 글이 는다. 글쓰기는 나의 성장을 확인할 수 있는 좋은 방법이다. 글은 그대로 남아서 나의 성장을 그대로 보여준다. 처음 글을 쓰기 시작했을 때보다 퇴고할 때쯤 되면 글쓰기 실력도 글을 쓰는 나 자신도 성장해있다는 걸 느낄 수 있다. 아마 그 알아차림으로 계속 고친다면 최고로 좋은 글을 출간할 수 있겠지만 우리에게는 마감이 있고 원고를 넘기기로 약속한 날짜가 있기에 글을 마친다. 그런 의미에서 완벽한 글을 완성하는 게 아니라 나의 한계를 정하고 나 스스로 놓는 것이다.

글을 쓰는데 '완벽한 끝, 온전한 마무리, 다썼다.'는 없다. 온전히 시간이 지나야 느낄 수 있고 꾸준히 해야 는다는 건 글과 책, 독서에 정직하게 작용한다. 나와 잘 맞는 책을 잘 선별해서 끝까지 보고, 두 번 이상 읽었으면 좋겠다. 좋은 독서의 시작은 나의 지적 호기심 있는 책을 선정하는 것부터다. 기억하고 싶은 문장에 줄을 긋는 것도 좋은 방법이다. 나도 한 번 읽었던 책을 다시 읽을 때 줄이 그어져 있는 걸 보면서 그때의 내가 했던 생각을 떠올린다. 정말 말도 안 되는 문장에 줄이 그어져 있는 걸 보고 황당할 때도 있다. 하지만 줄을 그었던 그때는 진심이었을 것을. 한동안 책을 사는 게 취미인 적도 있었다. 제목이 멋있고 예쁜 책을 샀다. 좋아하는 색깔의 책을 사기도 했다. 책을 사서 책장에 넣지 않고 방의 한쪽 구석에 무심하게 쌓아놓고 사진을 찍는 게 글을 쓰는 사람으로서의 소양인 것처럼 뿌듯했었다. 매년 말이면 더 쌓인 책을 사진으로 찍고 sns에 인증하면서 올해를 마무리했다. 그 책들을 다 읽지도 않았으면서 쌓인 책만큼 독서력과 글쓰기 능력이 좋아졌다고 자만했다.

책이 어느 정도 쌓이고 나서는 어느 날 문득 이 정도의 책만 머릿속에 있어도 충분히 지혜롭게 살 수 있겠다고 생각하게 되어서 더 이상 책을 취미로는 사지 않는다. 책을 사고 쌓는 재미에 빠져 있다가 어느 날 과함을 느끼는 날이 왔다. 세상의 모든 지식과 지혜를 알 순 없으니, 내가 받아들일 수 있는 건 이만큼이지 않을까. 지식은 이 정도로 충분하니 이를 지혜로 바꾸고 활용하는 건 내 몫이지 않을까 하는 날이 온다. 이제는 꼭 필요한 책만 산다. 책을 더 늘리지 않으니까 좋은 가르침을 주었던 책 중에서 다시 보고 싶은 책이 생겼다.

내가 책에서 즐거움을 얻고 꾸준히 쓸 수 있는 건 어렸을 때 소설을 제대로 이해하지 못해서이지 않을까. 나이가 들수록 궁금한 게 별로 없는데 몰랐던 걸 알아가는 기쁨을 글을 쓰며 알아차리고 책의 무한한 지혜의 세계에 빠진 것 같다. 삶은 나이가 들면서 배경지식을 넓혀주는데, 시간도 나에게 많은 소중한 배움을 주었다. 나처럼 나를 잘 아는 사람이 원래부터 책을 잘 읽고 잘 이해했다면 자만심으로 잘난 척에만 집중했을지도 모른다. 어쩌면 내 이야기만 하는 글을 쓰고 좌절하기를 반복하는 작가로 슬프게 살고 있을지도.

삶에는 단계가 있다. 우리는 살면서 한 단계, 한 단계씩 천천히 올라가며 어른이 되어간다. 한 단계의 소중함. 깊은 고민으로 삶의 방향을 틀어 본 사람은 한 단계의 소중함이 얼마나 값진 일인지 잘 안다. 1년에 한 단계만 성장해도 제대로 살고 있는 거다. 하루에 365분의 1만큼만 나아져도 성장이다. 책 한 권 읽는다고 책만큼 성장하는 건 아니다. 책 한 권으로 한 단계의 성장을 꿈꿀 수 없다. 다만 우리는 일상에 이루어둔 미세한 성장을 인식하기 위해서 책을 읽어야 한다.

## 작가란, 글과 이야기로 세상을 보는 사람이다

글을 쓰고 삶을 이야기로 만들다 보면 삶의 소망이 소박해진다. 등산하고 정상에서 아들딸 자랑하며 과일을 깎아 먹는 어른들의 웃음소리가 좋아진다. 그들은 등산을 할 수 있을 만큼 몸이 건강하고 저렇게 땀을 흘리고 수다를 떨며 큰소리로 웃을 수 있다면 마음도 건강할 거다. 나를 자랑하고 다니는 부모님이 세상에 살아 있는 게 얼마나 감사한 일인지는 저절로 새겨진다. 우리 엄마는 얼마 전 이제 무릎이 아파서 등산은 못 한다고, 할 수 있는 운동은 산책뿐이라 했는데 그 아들 딸이 부럽다.

글과 이야기로 세상을 보는 건 느리고 오래 걸리고 지금 당장 눈에 띄게 달라지는 건 없는, 별일 아닐지도 모른다. 이렇게 별일 아닌 이야기를 글로 쓰고 침착하게 대화할 수 있다면 근사하고 우아하게 사는 것 아닐까. 글을 쓰고 그 글을 이야기하다 보면 나만의 경험이 나오고, 그 경험속의 특별함을 찾을 수 있다. 나의 문체, 나의 말투, 내가 주인공인 나다운 이야기를 한층 성숙해진 재미로 풀어낼 수 있다. 사람들은 누구나 양가감정이 있다. 성공한 친구를 축하하면서도 한편에서는 질투 나고 사랑하면서도 미워한다. 하고 싶다가도 하기 싫고, 피하고 싶다가도 아쉽고 그렇다. 감정은 지나가고 시간이 흐르고 이성적으로 다시 선택하면서 우리는 성장하고 성숙해 가기에 그 이면의 감정도 존중할 수 있길.

이성적으로 감정을 인정하고 선택하는 데는 용기가 필요하다. 삶은 실패의 경험을 쌓아가는 과정인데, 실패하면서 용기를 낸다는 게 어디 쉬운 일인가. 어떤 것을 선택하면 당연히 반대편의 다른 것을 잃고 선택하지 못한 것에 미련을 남기며 항상 최선의 선택은 아니다. 미련과 후회에 자유롭지 못한 사람에게 최선의 선택은 없다. 최선이란 이미 없는데 선택의 고마움을 잊고 잃음의 아쉬움만 안고 살아갈까. 날씬해지고 싶지만 삼겹살이 먹고 싶을 수 있다. 죽고 싶지만 떡볶이는 먹고 싶을 수도 있다. 누구나 다 그렇다. 다음이 문제이다. 결국 떡볶이를 먹고 삼겹살을 먹는 삶을 선택하지만, 선택에는 언제든 다음의 선택이 기다리고 있다. 그다음을 기쁜 마음으로 선택한다면 그 어떤 것도 실패가 아니다.

성공이든 실패든 미련이든 후회든, 그럼에도 불구하고 지키며 살고 싶은 것들. 그게 무언지 글로 써보고 이야기로 만들어 나를 사랑하는 사람들에게 말하고 다녔으면 좋겠다. 나만의 이야기를 만들어 전할 수 있는 사람, 그게 정말 성숙한 어른이지 않을까. 이야기로 전할 수 있는 나만의 이야기, 글로 하는 깊은 대화를 할 수 있는 사람이 더 많은 메시지를 전할 수 있지 않을까. 글로 친해지는 사이가 있다면 우린 더 의미 있는 삶을 살 수 있지 않을까.

나는 오히려 좋다는 말보다 다행이라는 생각을 많이 하고 산다. 오히려 좋다고 하면 힘든 일을 겪을 때 속상했던 마음을 무시하는 것 같아서, 속상함을 참아낸 나 자신을 무안하게 하는 거 같아서 다행이라는 말로 감사함을 생각한다. 참 다행이라고 생각했던 수많은 일이 그저 우연이 아니라 나의 노력과 이어진 어떤 결과임을 깨닫게 되면서 '나는 참 나답게 산다, 나는 정말 나다.' 하면서 헛웃음 나기도 하고.

하고 싶은 말 다 하고 와야 직성이 풀릴 때가 있었다. 오해받지 않는 방법으로 내 생각을 똑바로 말하고 구체적으로 설명해야 설득이 가능하다고 믿었다. 설득할 수 있다고 믿었다. 꽉 채워 말해야 이해받진 못해도 오해받지 않으면서 살 수 있다고 생각했다. 내 말을 전부 들은 사람은 그 말의 끝에서 그저 과하다는 생각만 하더라. 사람은 누구나 들을 수 있는 만큼만 듣기에 그만큼을 넘기면 넘치고 질린다. 하고 싶은 말을 다 하려면 남의 말을 끊어야 했고 내 말을 끝까지 들으라고 강요해야 했고 남의 시간을 빼앗아야 했다. 그런 인간관계는 평온할 수가 없다.

요즘은 하고 싶은 말을 적당히 쓰면서 산다. 내 글을 보고 조언을 구하러 오는 사람도 생기고, 나의 이야기를 해달라는 사람도 생긴다. 그러다 보니 잘 받아주면 되는 인간관계가 많아지고 지인이 생긴다. 인간관계에서 오해가 없어지면 그 자리에 나와 너로, 솔직한 사람으로만 가득 차게 된다. 좋은 인간관계는 그렇게 시작되더라고.

나에게 중요하지 않은 사람이 하는 나에 대한 오해는 적당히 이해하면서 산다. 그래서 내 지인 안에 들어와 있는 사람을 미워할 일은 없다. 매일매일 나만의 테두리 안에서 다른 사람을 좋아할 수 있고 좋아할 사람을 고를 수 있다. 사람의 욕심은 끝이 없다고 한다. 그건 자기조절 능력이 부족한 사람의 이야기다. 누구나 성실하게 한 노력을 공정하게 인정받으면 나에게 적정한 욕심을 스스로 정하고 그에 맞는 삶을 살아갈 수 있다.

오늘도 딱 한 걸음씩 편안해질 수 있길.